Christoph Kardinal Schönborn
Zeit der liebenden Aufmerksamkeit

Christoph Kardinal Schönborn

Zeit der liebenden Aufmerksamkeit

*Ein Begleiter für die
Fasten- und Osterzeit*

Herausgegeben von Hubert Philipp Weber

Patmos Verlag

VERLAGSGRUPPE PATMOS

PATMOS
ESCHBACH
GRÜNEWALD
THORBECKE
SCHWABEN
VER SACRUM

Die Verlagsgruppe
mit Sinn für das Leben

Für die Verlagsgruppe Patmos ist Nachhaltigkeit ein
wichtiger Maßstab ihres Handelns. Wir achten daher auf den
Einsatz umweltschonender Ressourcen und Materialien.

Alle Rechte vorbehalten
© 2019 Patmos Verlag,
ein Unternehmen der Verlagsgruppe Patmos
in der Schwabenverlag AG, Ostfildern
www.patmos.de

Die Bibelzitate sind entnommen der Einheitsübersetzung
der Heiligen Schrift, vollständig durchgesehene und
überarbeitete Ausgabe © 2016 Katholische Bibelanstalt, Stuttgart

Umschlaggestaltung: Finken & Bumiller, Stuttgart
Umschlagabbildung: Dorothy Gaziano / shutterstock.com
Satz: Schwabenverlag AG, Ostfildern
Druck: CPI books GmbH, Leck
Hergestellt in Deutschland
ISBN 978-3-8436-1120-6

Inhalt

Vorwort 9

DIE ÖSTERLICHE BUSSZEIT (»FASTENZEIT«)

Erster Fastensonntag
Lesejahr A: Drei Versuchungen 15
Lesejahr B: Die große Versuchung 19
Lesejahr C: Wenn die Wüste zu blühen beginnt 22

Zweiter Fastensonntag
Lesejahr A: Ganz oben – ganz unten 27
Lesejahr B: Unbeschreibliches Glück 31
Lesejahr C: Beten verwandelt 35

Dritter Fastensonntag
Lesejahr A: Ich habe keinen Mann 39
Lesejahr B: Tempelreinigung heute 45
Lesejahr C: Das kann jedem passieren 50

Zeit der liebenden Aufmerksamkeit

Vierter Fastensonntag
Lesejahr A: Jetzt kann ich sehen 54
Lesejahr B: Nicht richten, sondern retten 61
Lesejahr C: Testfragen an mein Verhalten 65

Fünfter Fastensonntag
Lesejahr A: Lazarus, komm heraus 70
Lesejahr B: Ein Trost für alle 76
Lesejahr C: Wer ohne Sünde ist 80

DIE KARWOCHE

Palmsonntag
Lesejahr A: Der Anfang vom guten Ende 87
Lesejahr B: Damals und heute 91
Lesejahr C: Am Ende steht die Auferstehung 95

Gründonnerstag
Fußwaschung heute 99

Karfreitag
Seht, welch ein Mensch! 107
Nicht wegschauen 109
Kreuzigung, heute noch 112

Inhalt

Die Osterzeit

Ostersonntag

Lesejahr A: Er ist nicht hier	117
Lesejahr B: Dank an Maria aus Magdala	121
Lesejahr C: Alles nur Geschwätz?	126

Zweiter Sonntag der Osterzeit

Der ungläubige Thomas	133
Berührende Berührung	135
Friede sei mit euch!	138

Dritter Sonntag der Osterzeit

Lesejahr A: An der Wiege des Christentums	141
Lesejahr B: Vom Schrecken zum Glauben	145
Lesejahr C: Liebst du mich?	150

Vierter Sonntag der Osterzeit

Lesejahr A: Sehnsucht nach guten Hirten	155
Lesejahr B: Der gute Hirt	159
Lesejahr C: Erkenne dich selbst!	163

Zeit der liebenden Aufmerksamkeit

Fünfter Sonntag der Osterzeit
Lesejahr A: Der Weg und die Wohnung 167
Lesejahr B: Was mich der Weinstock lehrt 171
Lesejahr C: Freude an der Liebe 175

Sechster Sonntag der Osterzeit
Lesejahr A: Was tröstet? 179
Lesejahr B: Ich nenne euch Freunde 183
Lesejahr C: Schalom, Salam, Friede 187

Christi Himmelfahrt
Erinnerung an Teheran 191
Wie sieht der Himmel aus? 194

Siebter Sonntag der Osterzeit
Lesejahr A: Auftrag erfüllt! 201
Lesejahr B: Ich gehe jetzt zu dir 205
Lesejahr C: Alle sollen eins sein! 209

Pfingsten
Ein stürmischer Anfang 214
Pfingsten und Babel 217
Unterscheidung der Geister 220

Vorwort

Zwei Jünger Jesu sind auf dem Weg von Jerusalem nach Emmaus. Sie sind niedergeschlagen, trostlos traurig, bodenlos enttäuscht. Sie reden über das, was sie in Jerusalem erlebt haben. Ihr verehrter Meister ist völlig gescheitert. Ihre große Hoffnung hat sich nicht erfüllt. Sie hatten insgeheim erwartet, er werde sich als Messias zeigen, oder wie es auf Griechisch heißt: als Christus. Die große Wende werde eintreten. Das Königreich Gottes werde anbrechen. Stattdessen: der schreckliche und schmähliche Tod am Kreuz, das Ende aller ihrer Träume. Sie fühlen sich nicht nur *ent*täuscht, sondern *ge*täuscht. Zwar hatte Jesus immer wieder von Leid, Verfolgung und Kreuz gesprochen. Aber in ihren Herzen war dennoch die Hoffnung lebendig geblieben, dass Jesus sich als der erwartete Messias zeigen und das Königreich Davids wiedererrichten werde. Zu tief war diese Sehnsucht im Herzen des Volkes verankert, zu groß waren die Leiden, die es in den Jahrhunderten der Unterdrückung erlitten hatte.

Zeit der liebenden Aufmerksamkeit

»Während sie redeten und ihre Gedanken austauschten, kam Jesus hinzu und ging mit ihnen«, aber sie erkannten ihn nicht. Er fragt sie, worüber sie reden. Verwundert, dass er nicht zu wissen scheint, was in diesen Tagen in Jerusalem geschehen ist, erzählen sie ihm die ganze Geschichte. Der unbekannte Begleiter beginnt, ihnen den Sinn dieser Ereignisse zu erschließen: »Musste nicht der Christus, der Messias, das erleiden und so in seine Herrlichkeit gelangen?«

Und nun beginnt eine dieser entscheidenden Stunden, in denen Jesus selbst die Schrift auslegt und so seinen Zuhörern Herz und Verstand öffnet: »Und er legte ihnen dar, ausgehend von Mose und allen Propheten, was in der gesamten Schrift über ihn geschrieben steht.« Als sie ihn schließlich einladen, in ihrem Haus Gast zu sein, als er beim Abendessen das Brot zum Segen bricht, da erkennen sie ihn – und er entzieht sich ihren Augen. Auf dem Rückweg nach Jerusalem, zu dem sie eilends aufbrechen, ist ihre Stimmung völlig gewandelt. Sie sagen zueinander: »Brannte nicht unser Herz in uns, als er unterwegs mit uns redete und uns den Sinn der Schriften eröffnete?«

Vorwort

Im Bericht von den beiden Jüngern auf dem Weg nach Emmaus (Lukasevangelium 24,13–35) hat uns der Evangelist einen unvergleichlichen Schlüssel für unseren eigenen »Emmausweg« durch die Fasten- und Osterzeit geschenkt. Jahr für Jahr dürfen wir vom Aschermittwoch bis zum Pfingstsonntag Jesus auf den großen Etappen seines Weges begleiten. Immer neu gilt es, persönlich und gemeinsam besser zu verstehen, mit dem Herzen zu erfassen, warum der Messias leiden musste, um so in seine Herrlichkeit zu gelangen.

Die kurzen Auslegungen zu den Evangelien dieses österlichen Weges habe ich zunächst für die Sonntagsausgabe von Österreichs größter Tageszeitung geschrieben. Sie wurden auch jeweils über mehrere kirchliche Radios gesendet. Ich bin dankbar für diese Möglichkeit, so vielen Menschen das Evangelium nahebringen zu dürfen. Das Evangelium ist eine unerschöpfliche Quelle. Sein Wasser bleibt frisch und lebendig. Nie können wir sagen, wir hätten es ausgeschöpft. Immer wieder erschließt es sich neu und spricht in unser Leben hinein. Daher gilt es, stets neu zu dieser Quelle zurückzukehren. Meine Anregungen sollen vor allem dazu ermutigen, die

Zeit der liebenden Aufmerksamkeit

Worte des Evangeliums persönlich zu betrachten. Möge Jesus selbst sie unseren Herzen erschließen, während er mit uns auf dem Weg ist!

Wien, am 11. November 2018, am Fest des heiligen Martin, dem 100. Jahrestag des Endes des Ersten Weltkriegs

+Christoph Kard. Schönborn

Die österliche Bußzeit
(»Fastenzeit«)

Erster Fastensonntag

Drei Versuchungen

Lesejahr A

In jener Zeit wurde Jesus vom Geist in die Wüste geführt; dort sollte er vom Teufel versucht werden. Als er vierzig Tage und vierzig Nächte gefastet hatte, hungerte ihn. Da trat der Versucher an ihn heran und sagte: Wenn du Gottes Sohn bist, so befiehl, dass aus diesen Steinen Brot wird. Er aber antwortete: In der Schrift heißt es: Der Mensch lebt nicht vom Brot allein, sondern von jedem Wort, das aus Gottes Mund kommt. Darauf nahm ihn der Teufel mit sich in die Heilige Stadt, stellte ihn oben auf den Tempel und sagte zu ihm: Wenn du Gottes Sohn bist, so stürz dich hinab; denn es heißt in der Schrift: Seinen Engeln befiehlt er um deinetwillen, und: Sie werden dich auf ihren Händen tragen, damit dein Fuß nicht an einen Stein stößt. Jesus antwortete ihm: In der Schrift heißt es auch: Du sollst den Herrn, deinen Gott, nicht auf die Probe stellen. Wieder nahm ihn der Teufel mit sich und führte ihn auf einen sehr hohen Berg; er zeigte ihm alle Reiche der Welt mit ihrer Pracht und sagte zu ihm: Das alles will ich dir geben, wenn du dich vor mir niederwirfst und mich anbetest. Da sagte Jesus zu ihm: Weg mit dir, Satan! Denn in der Schrift steht: Den Herrn, deinen Gott, sollst du anbeten und ihm allein dienen. Darauf ließ der Teufel von ihm ab und siehe, es kamen Engel und dienten ihm.

(MATTHÄUSEVANGELIUM 4,1–11)

Niemand entkommt der Versuchung. Sie ist ein Teil unseres Lebens. Sie ist der Preis unserer Freiheit. Denn nur wer frei ist, kennt die Gefahr, die eigene Freiheit nicht nur zum Guten, sondern auch zum Schlechten zu gebrauchen. Genau das ist ja die Versuchung: Ich kann auch das Böse wählen und wollen und tun.

Jesus wurde versucht wie wir. Er ist Mensch wie wir, doch hat er der Versuchung widerstanden. Heute, am ersten Sonntag der Fastenzeit, ist die Versuchung Jesu das Thema, wie er sie bestanden hat und wie wir den Versuchungen widerstehen können, die uns bedrängen.

Als Erstes überrascht mich, dass nicht von sexuellen Versuchungen die Rede ist. Oft denkt man an diese sicher sehr starken Versuchungen. Sie begleiten einen meist ein Leben lang. Die drei Versuchungen, denen Jesus nach seiner langen Fastenzeit in der Einsamkeit der Wüste ausgesetzt war, sind nicht weniger stark als die sexuellen Versuchungen. Sie sind aber gefährlicher, weil versteckter. Denn diese Versuchungen kommen mit dem Anschein des Guten. Sie täuschen uns, ja sie können ganz fromm daherkommen. Das ist das Teuflische an ihnen.

Nach vierzig Tagen des Fastens hat Jesus Hunger. Der Versucher rät ihm, seine Macht zu gebrauchen (»Wenn du Gottes Sohn bist ...«) und Steine in Brot zu verwandeln. Jesus antwortet mit einem Wort der Bibel: »Der Mensch lebt nicht vom Brot allein ...«

Wie oft stellen wir die materielle Sicherheit an die erste Stelle! Bei Bert Brecht heißt es: »Erst kommt das Fressen und dann die Moral.« Viktor Frankl, der große Psychologe, der das KZ Auschwitz überlebt hat, sagte, dass es genau umgekehrt ist. Wer nur leiblich zu überleben versuchte, hatte kaum eine

Chance. Ohne Liebe, Güte und Hilfsbereitschaft ist das Leben kein Leben.

Die zweite Versuchung Jesu ist die des Erfolgs: Stürze dich vom Tempel herab, Gott wird dich doch beschützen. Alle werden dich bewundern und du wirst erfolgreich sein. Der Teufel versucht Jesus mit der Verlockung der Anerkennung. Erfolg ist an sich etwas Erfreuliches. Wir alle brauchen Anerkennung. Die Versuchung besteht freilich darin, alles dem Erfolg unterzuordnen, Anerkennung um jeden Preis zu suchen. Das kann zur Sucht werden und das Leben vergiften.

Die dritte Versuchung ist die gefährlichste: die Versuchung der Macht. Der Teufel verspricht Jesus die Herrschaft über die ganze Welt, »wenn du dich vor mir niederwirfst und mich anbetest«. Wie viele Diktatoren sind dieser Versuchung erlegen und so Sklaven ihrer Machtgelüste geworden! Die Versuchung der Macht lauert aber auch in unserem Alltag mit den vielen kleinen Machtspielen, durch die wir andere zu beherrschen suchen. Jesus hat diesen drei Versuchungen widerstanden. Deshalb kann er uns helfen, es auch zu schaffen.

Die große Versuchung

Lesejahr B

> In jener Zeit trieb der Geist Jesus in die Wüste. Jesus blieb vierzig Tage in der Wüste und wurde vom Satan in Versuchung geführt. Er lebte bei den wilden Tieren und die Engel dienten ihm. Nachdem Johannes ausgeliefert worden war, ging Jesus nach Galiläa; er verkündete das Evangelium Gottes und sprach: Die Zeit ist erfüllt, das Reich Gottes ist nahe. Kehrt um und glaubt an das Evangelium!
> (MARKUSEVANGELIUM 1,12–15)

Wer führt uns in Versuchung? Über diese Frage ist ein heftiger Streit entbrannt. Das bekannteste Gebet der Christen ist das »Vater Unser«. Jesus selber hat es gelehrt. Überall in der Welt wird es gebetet. Die vorletzte der sieben Bitten dieses Gebetes lautet: »Und führe uns nicht in Versuchung.«

Vor einiger Zeit hat Papst Franziskus diese Übersetzung ausdrücklich kritisiert. Man könne doch nicht sagen, Gott selber führe uns in Versuchung.

Man müsse vielmehr Gott bitten: »Lass uns nicht in Versuchung geraten« oder: »Lass uns nicht der Versuchung erliegen.«

Das entspräche auch genau dem, was im Brief des Jakobus zu lesen ist: »Denn Gott lässt sich nicht zum Bösen versuchen, er führt aber auch selbst niemanden in Versuchung.« Gott will uns doch von der Versuchung befreien. Wir bitten ihn genau darum, weil wir wissen, dass manche Versuchungen so stark sind, dass wir ihnen kaum entkommen, wenn sie einmal zum Greifen nahe vor uns stehen.

Oft bekomme ich Briefe, in denen darum gebeten wird, die Kirche möge doch den Text dieser Bitte des »Vater Unser« ändern. In der von Papst Franziskus ausgelösten Diskussion gibt es aber auch Stimmen, die sagen, der Text solle so bleiben, denn Gott lasse doch zu, dass wir versucht werden. Er könnte uns ja davor gänzlich bewahren, indem er uns vor allen Versuchungen behütet. Aber genau das habe er Jesus gegenüber nicht getan. Jesus blieben die Versuchungen nicht erspart. Umso weniger bleiben sie uns erspart, darum haben wir mit ihnen zu kämpfen.

Am Anfang der Fastenzeit, am ersten Fastensonntag, wird immer das Evangelium von der Versuchung Jesu gelesen. Die Fastenzeit, von Aschermittwoch bis

Ostern, ahmt die vierzig Tage nach, die Jesus nach seiner Taufe im Jordan in dieser Gegend allein in der Wüste verbracht hat. Beim Evangelisten Markus heißt es nüchtern und knapp: Er »wurde vom Satan in Versuchung geführt«, also doch nicht von Gott.

Aber Jesus hat sich dieser unwirtlichen Umgebung der Wüste ausgesetzt, weil er darin Gottes Willen gesehen hat. Gottes Geist trieb ihn in die Wüste. Gott musste doch wissen, dass das ein harter Test sein wird. Einsamkeit, Hitze am Tag, Kälte in der Nacht, wilde Tiere, wehrlos ausgeliefert an die Macht einer feindlichen Natur. Das allein war schon eine schwere Prüfung, dazu noch Hunger und Durst.

Prüfungen gehören zu jedem Leben. Gott lässt sie zu, weil wir uns in Prüfungen bewähren können. Aber wir dürfen, wir sollen darum bitten, dass die Prüfungen uns nicht überfordern, dass sie nicht zur Versuchung werden, aufzugeben, zu verzweifeln. Paulus hat viel Schweres erlebt, oft bis an die Grenze des Menschenmöglichen. Deshalb hatte er ein so großes Vertrauen, dass Gott ihn niemals hängen lässt. Er schreibt einmal: »Noch ist keine Versuchung über euch gekommen, die den Menschen überfordert. Gott ist treu; er wird nicht zulassen, dass ihr über eure Kraft hinaus versucht werdet. Er wird euch mit der Versuchung auch einen Ausweg schaffen, sodass ihr sie bestehen könnt.«

Es gibt viele Versuchungen, kleine und große. Kleine Lügen als Ausrede, kleine Betrügereien, weil es niemand merkt. Die wirklich große Versuchung hat Jesus bestanden. In ihr geht es nicht um Geld, Sex oder Macht, die alle leicht durchschaubare Fallen im menschlichen Leben sind. Die große Versuchung ist es, zu glauben, dass Gott uns fallen lässt, wenn wir gefallen sind. Diese Versuchung besiegen wir nur durch Gottvertrauen. Wo alles ausweglos scheint, hat Gott immer noch einen Weg für uns.

Wenn die Wüste zu blühen beginnt

Lesejahr C

> In jener Zeit kehrte Jesus, erfüllt vom Heiligen Geist, vom Jordan zurück. Er wurde vom Geist in der Wüste umhergeführt, vierzig Tage lang, und er wurde vom Teufel versucht. In jenen Tagen aß er nichts; als sie aber vorüber waren, hungerte ihn. Da sagte der Teufel zu ihm: Wenn

du Gottes Sohn bist, so befiehl diesem Stein, zu Brot zu werden. Jesus antwortete ihm: Es steht geschrieben: Der Mensch lebt nicht vom Brot allein. Da führte ihn der Teufel hinauf und zeigte ihm in einem Augenblick alle Reiche des Erdkreises. Und er sagte zu ihm: All die Macht und Herrlichkeit dieser Reiche will ich dir geben; denn sie sind mir überlassen und ich gebe sie, wem ich will. Wenn du dich vor mir niederwirfst und mich anbetest, wird dir alles gehören. Jesus antwortete ihm: Es steht geschrieben: Vor dem Herrn, deinem Gott, sollst du dich niederwerfen und ihm allein dienen. Darauf führte ihn der Teufel nach Jerusalem, stellte ihn oben auf den Tempel und sagte zu ihm: Wenn du Gottes Sohn bist, so stürz dich von hier hinab; denn es steht geschrieben: Seinen Engeln befiehlt er deinetwegen, dich zu behüten; und: Sie werden dich auf ihren Händen tragen, damit dein Fuß nicht an einen Stein stößt. Da antwortete ihm Jesus: Es ist gesagt: Du sollst den Herrn, deinen Gott, nicht auf die Probe stellen. Nach diesen Versuchungen ließ der Teufel bis zur bestimmten Zeit von ihm ab.

(Lukasevangelium 4,1–13)

Zeit der liebenden Aufmerksamkeit

Die Wüste wächst. Dieses bedrängende Gefühl haben heute viele Menschen. Wüste, das sind nicht nur die Sandwüsten. Wüste ist auch die Einsamkeit inmitten der Steinwüsten der großen Städte. Wüste, das ist auch die Verlorenheit von Flüchtlingen in ihren Schlauchbooten weit weg von rettenden Ufern.

Wüste kann aber auch eine heilsame Erfahrung sein. Allein, ausgesetzt, keine Ablenkung, keine Möglichkeit, vor sich selber davonzulaufen. Eine solche Erfahrung beschreibt Philippe Pozzo di Borgo. Sein Schicksal als Querschnittgelähmter hat viele bewegt durch den wunderbaren Film »Ziemlich beste Freunde«. Die langen Monate seines Liegens in fast totaler Gelähmtheit wurden ihm zur schweren, aber gesegneten Wüstenerfahrung. Wüstenzeiten gibt es in fast jedem Leben. Sie sind Prüfung und können zu großem Segen werden.

Jesus beginnt sein öffentliches Wirken mit einer intensiven Wüstenzeit. Vierzig Tage treibt es ihn um in der Wüste beim Toten Meer. Die Tiefe der Erfahrung, die er in dieser Zeit völligen Fastens macht, können wir kaum erahnen. Menschen, die ganz schwere, starke Wüstenerfahrungen erlebt haben, werden sich eher in das einfühlen können, was Jesus in seiner Wüste durchlebt hat. Es müssen Erfahrungen gewesen sein, die Jesus bis zum Äußersten herausgefordert haben. Die Bibel sagt es schlicht: Jesus wurde vom Teufel in Versuchung geführt.

Unter »Versuchung« stellen wir uns meist sexuelle Verlockungen vor. Was Jesus durchlebt hat, war tiefer und radikaler. Es geht um die Urversuchung des Menschen. Die Schlange hat im Paradies Adam und Eva mit der Verheißung verlockt: »Ihr werdet sein wie Gott!« Die drei Versuchungen Jesu gehen aufs Ganze: Mache dich selber zu Gott! Du bist doch Gottes Sohn. Also nimm deine Macht in deine eigene Hand! Bestimme du selber, was du willst! Sei dein eigener Herr und Gott! Du brauchst keinen Herrgott!

Das ist die Versuchung, der wir Menschen ausgesetzt sind: selber alles in der Hand haben wollen. Selber herrschen und andere beherrschen. Nur nicht dienen müssen. Nur nicht abhängig sein. Allein bestimmen, was ich will und was mir passt! Doch diese Versuchung hat ihren Preis. Der Teufel fordert ihn ungeniert von Jesus: Wirf dich vor mir nieder und bete mich an! Dann wird dir alles gehören!

Wer glaubt, alles selber bestimmen zu können, sein eigener Herr zu sein, wird in Wirklichkeit ein Sklave der eigenen Wünsche und Leidenschaften.

Dann wird es einsam um ihn. Dann wächst die Wüste. Alleinsein in der Wüste, das endet tödlich.

Jesus hat die Versuchungen überwunden. Dreimal hat er dem Versucher einfach ein Wort der Bibel entgegengehalten: Jedes dieser Worte ist voller Leben. »Der Mensch lebt nicht vom Brot allein.« Wir brauchen das tägliche Brot. Ebenso aber leben wir vom Miteinander mit Gott und dem Nächsten. »Gott allein sollst du dienen.« Wer Gott dient, wird ein freier Mensch, frei von sich selber und frei für die anderen. »Du sollst Gott nicht auf die Probe stellen.« Vertraue Gott! Misstraue ihm nicht! Er will dir Gutes, nicht Böses.

Die Wüstenerfahrung Jesu kann uns helfen, Orientierung zu finden, wenn wir selber durch eine Wüste gehen. Dann kann die Wüste sogar zu blühen beginnen.

Zweiter Fastensonntag

Ganz oben – ganz unten

Lesejahr A

Sechs Tage danach nahm Jesus Petrus, Jakobus und dessen Bruder Johannes beiseite und führte sie auf einen hohen Berg. Und er wurde vor ihnen verwandelt; sein Gesicht leuchtete wie die Sonne und seine Kleider wurden weiß wie das Licht. Und siehe, es erschienen ihnen Mose und Elija und redeten mit Jesus. Und Petrus antwortete und sagte zu Jesus: Herr, es ist gut, dass wir hier sind. Wenn du willst, werde ich hier drei Hütten bauen, eine für dich, eine für Mose und eine für Elija. Noch während er redete, siehe, eine leuchtende Wolke überschattete sie und siehe, eine Stimme erscholl aus der Wolke: Dieser ist mein geliebter Sohn, an dem ich Wohlgefallen gefunden habe; auf ihn sollt ihr hören. Als die Jünger das hörten, warfen sie sich mit dem Gesicht zu Boden und fürchteten

sich sehr. Da trat Jesus zu ihnen, fasste sie an und sagte: Steht auf und fürchtet euch nicht! Und als sie aufblickten, sahen sie niemanden außer Jesus allein. Während sie den Berg hinabstiegen, gebot ihnen Jesus: Erzählt niemandem von dem, was ihr gesehen habt, bis der Menschensohn von den Toten auferweckt ist!
(MATTHÄUSEVANGELIUM 17,1–9)

Weithin sichtbar ragt der Berg Tabor. Nach der Überlieferung ist er der hohe Berg, von dem heute im Evangelium die Rede ist. Er liegt nur wenige Kilometer von Nazaret entfernt. Jesus hat ihn wohl von Kind an gesehen. Vielleicht hat er ihn in jungen Jahren gelegentlich bestiegen, denn von oben bietet sich ein wunderbarer Blick über das weite Land, über ganz Galiläa.

Heute kann man leicht mit dem Auto hinauffahren. Der Fußweg war viel beschwerlicher. Jesus nimmt bei seinem Aufstieg drei seiner zwölf Apostel mit. Warum nur diese drei? Die anderen lässt er unten im Tal zurück. Haben sie sich dadurch zurückgesetzt gefühlt? Waren sie neidisch auf die drei »Auserwählten«? Rivalitäten gab es immer wieder. Es kommt zu Diskussionen, ja zu Streit unter ihnen, wer der Größere, der Bessere, der Größte sei.

Jesus hat das natürlich bemerkt und immer wieder angesprochen: »Wer unter euch der Erste sein will, der soll der Diener aller sein.« Aber hat Jesus diese Rivalitäten nicht selber gefördert? Offensichtlich gab es da Unterschiede: der weitere Kreis von Männern und Frauen, die mit Jesus zogen; der engere Kreis der zwölf Apostel. Und unter diesen noch einmal drei, die immer wieder von Jesus besonders bevorzugt wurden. Dem »Chef« ganz nahe zu sein, zu seinem engsten Kreis zu gehören, das spielt oft eine große Rolle. Es gibt einem das Gefühl der Wichtigkeit, aber birgt die Gefahr, auf die anderen herunterzuschauen, die nicht zu den Auserwählten gehören.

Was die drei auf dem hohen Berg erleben, ist einzigartig. Es ist ein Höhepunkt ihrer Erfahrungen mit Jesus. Nie zuvor und nie danach haben sie Jesus so erlebt. Ein Licht, ein Leuchten seines Gesichts und seines Gewandes »wie die Sonne«. Und zwei Männer sehen sie mit Jesus reden, in denen sie die beiden großen Gestalten der Bibel erkennen, Mose und Elija.

Petrus und seine beiden Kollegen sind überwältigt. Ein Glücksgefühl, von dem sie wünschen, dass es bleibt. Rührend und fast naiv will er schnell drei Hütten bauen, damit dieses Erlebnis andauern kann. Aber es vergeht. Und sie sind wieder mit Jesus allein. Sie können nicht auf dem Berg bleiben. Sie müssen wieder hinuntersteigen. Und unten, als sie wieder alle beisammen sind, erklärt ihnen Jesus, dass schweres Leid, ja ein gewaltsamer Tod auf ihn zukommt.

Ganz oben auf dem Berg haben die drei Unvergessliches erlebt. Jetzt geht der Weg ganz nach unten, wo Leid, Ablehnung und Tod auf Jesus warten. In Jerusalem wird Jesus diese drei Jünger wieder mit sich nehmen, in der Nacht, in der er gefangen genommen wurde. Jesus wollte, dass sie in seiner Todesangst ganz nahe bei ihm seien und dass sie mit ihm beten. Aber stattdessen haben sie, traurig und erschöpft, fest geschlafen. Als es ernst wurde, sind sie davongelaufen und haben ihn alleingelassen. Petrus hat ihn sogar verleugnet.

Wie ist das so oft im Leben! Gern sind wir ganz oben dabei, wo alles gut geht und glücklich aussieht. Sind wir auch noch da, wenn jemand ganz unten ist?

Unbeschreibliches Glück

Lesejahr B

Sechs Tage danach nahm Jesus Petrus, Jakobus und Johannes beiseite und führte sie auf einen hohen Berg, aber nur sie allein. Und er wurde vor ihnen verwandelt; seine Kleider wurden strahlend weiß, so weiß, wie sie auf Erden kein Bleicher machen kann. Da erschien ihnen Elija und mit ihm Mose und sie redeten mit Jesus. Petrus sagte zu Jesus: Rabbi, es ist gut, dass wir hier sind. Wir wollen drei Hütten bauen, eine für dich, eine für Mose und eine für Elija. Er wusste nämlich nicht, was er sagen sollte; denn sie waren vor Furcht ganz benommen. Da kam eine Wolke und überschattete sie und es erscholl eine Stimme aus der Wolke: Dieser ist mein geliebter Sohn; auf ihn sollt ihr hören. Als sie dann um sich blickten, sahen sie auf einmal niemanden mehr bei sich außer Jesus. Während sie den Berg hinabstiegen, gebot er ihnen, niemandem zu erzählen, was sie gesehen hatten, bis der Menschensohn von den Toten auferstanden sei. Dieses Wort beschäftigte sie und

sie fragten einander, was das sei: von den Toten
auferstehen.
(MARKUSEVANGELIUM 9,2–10)

Es gibt Momente im Leben, von denen wir wünschen, dass sie nicht vergehen. Zu solchen Momenten möchten wir sagen: »Verweile doch! Du bist so schön!« – wie es in Goethes »Faust« heißt. Aber zugleich spüren wir, dass wir solche Augenblicke nicht festhalten können. Darum nennen wir sie ja »Augenblicke«, weil sie nicht andauern können. Sie dauern eben nur »einen Moment«. Das ist so mit allen großen Glückserfahrungen. Wir können sie nicht fixieren, können uns nicht in ihnen einrichten. Wir können sie nur als Geschenk annehmen und müssen sie auch wieder loslassen.

Von einer solchen starken Glückserfahrung spricht das heutige Evangelium. Nur drei der zwölf Apostel hatten das Glück, dieses Erlebnis geschenkt zu bekommen, »nur sie allein«. Und als dieser so ganz besondere Augenblick vorüber war, verbot ihnen Jesus, vorerst irgendjemand »zu erzählen, was sie gesehen hatten«. Ich bezweifle, ob sie sich wirklich an dieses Verbot gehalten haben. Denn wer von uns kann es für sich behalten, wenn er ein großes Glück erlebt, eine starke Erfahrung gemacht hat?

Billig war dieses Glückserlebnis nicht zu haben. Zuerst mussten die drei mit Jesus einen steilen langen Aufstieg »auf einen hohen Berg« schaffen. Ich kann das nachempfinden. Eine meiner stärksten Glückserfahrungen in meinem Leben hatte ich nach einem für mich äußerst anstrengenden Aufstieg mit Skiern und Fellen auf den Großen Sankt Bernhard, im Wallis (Schweiz). Beim Hospiz angekommen, ließ ich mich erschöpft in der warmen Wirtsstube nieder. Ein Humpen heißer Tee – und plötzlich überkam mich ein unbeschreibliches Glücksgefühl. Es ist mir unvergesslich, auch wenn es nur einen Augenblick gedauert hat. Manche Bergliebhaber werden von einem ähnlichen Glück berichten können, das sie nach langem Aufstieg am Berggipfel verspürt haben.

Trotz aller Vergleiche ist das, was die drei Apostel nun auf dem hohen Berg erleben, etwas Einzigartiges. Jesus »wurde vor ihnen verwandelt«. So haben sie Jesus nie zuvor oder danach erlebt. Mit keinem Licht ist das Leuchten vergleichbar, das von Jesus ausgeht. Zugleich sehen sie mit Jesus zwei Gestalten, in denen sie die großen Gottesmänner der Bibel erkennen, Elija und Mose.

Kein Wunder also, dass Petrus diesen Augenblick festhalten will. Er soll nicht vergehen. Schnell drei Hütten bauen, damit das andauern kann, was sie eben erleben. Petrus war wie benommen, und irgendwie waren alle drei von diesem Erlebnis auch erschrocken.

Lange hat dieses Ereignis wohl nicht gedauert. »Als sie dann um sich blickten, sahen sie auf einmal niemanden mehr bei sich außer Jesus.« War alles wieder wie zuvor? War das Ganze nur eine Täuschung? Ist das Glück nur eine Einbildung, weil es nicht andauert? Ich habe meine Glückserfahrung vom »Großen Sankt Bernhard« nie vergessen, auch wenn sie schon viele Jahre zurückliegt. Umso weniger konnten die drei Apostel je vergessen, wie sie Jesus in seinem unbeschreiblichen Lichtglanz gesehen haben. Sie konnten nicht auf dem Berg bleiben, wie wir alle nicht immer oben sein können. Die Niederungen des Alltags erwarten uns. Aber eines hat die drei Jünger Jesu für immer begleitet: die Stimme Gottes, die sie auf dem Berg gehört haben: Jesus »ist mein geliebter Sohn; auf ihn sollt ihr hören«.

Beten verwandelt

Lesejahr C

In jener Zeit nahm Jesus Petrus, Johannes und Jakobus mit sich und stieg auf einen Berg, um zu beten. Und während er betete, veränderte sich das Aussehen seines Gesichtes und sein Gewand wurde leuchtend weiß. Und siehe, es redeten zwei Männer mit ihm. Es waren Mose und Elija; sie erschienen in Herrlichkeit und sprachen von seinem Ende, das er in Jerusalem erfüllen sollte. Petrus und seine Begleiter aber waren eingeschlafen, wurden jedoch wach und sahen Jesus in strahlendem Licht und die zwei Männer, die bei ihm standen. Und es geschah, als diese sich von ihm trennen wollten, sagte Petrus zu Jesus: Meister, es ist gut, dass wir hier sind. Wir wollen drei Hütten bauen, eine für dich, eine für Mose und eine für Elija. Er wusste aber nicht, was er sagte. Während er noch redete, kam eine Wolke und überschattete sie. Sie aber fürchteten sich, als sie in die Wolke hineingerieten. Da erscholl eine Stimme aus der Wolke: Dieser ist mein auserwählter Sohn, auf ihn

Zeit der liebenden Aufmerksamkeit

sollt ihr hören. Während die Stimme erscholl, fanden sie Jesus allein. Und sie schwiegen und erzählten in jenen Tagen niemandem von dem, was sie gesehen hatten.
(LUKASEVANGELIUM 9,28B–36)

Jesus hat oft die Einsamkeit gesucht. Immer wieder zog er sich zurück, um allein zu sein. Besonders die Stille der Berge hat es ihm angetan. Jesus hat nicht den Kontakt zu den Menschen gescheut. Im Gegenteil. Er liebte es, unter den Leuten zu sein. Er suchte bewusst den Kontakt, die Begegnung, das Gespräch. Er ging auf Hochzeiten, ließ sich gern zu Festen einladen, oft war er selber der Gastgeber für eine bunte Schar von Menschen. Und besonders die Armen hatten es ihm angetan, die Kranken, die an den Rand Gedrängten. Keine Mühe schien ihm zu viel, wenn es darum ging, Menschen zu helfen und zu heilen. Jesus ist der Menschenfreund.

Und dennoch kommt immer wieder der Moment, wo er die Menge verlässt, um allein zu sein. Genauer gesagt: nicht um einfach nur seine Ruhe zu haben, sich ein wenig von dem anstrengenden Alltag zu erholen. Jesus zieht sich zurück, um Zeit zum Beten zu haben. Und um zu beten, nimmt er sich viel Zeit. Immer wieder betet er die ganze Nacht hindurch. Er ist dann nicht allein, sondern mit Einem, den er seinen Vater nennt. Er ist mit Gott.

Von einer solchen Zeit der Stille ist heute im Evangelium die Rede. Nur drei seiner zwölf Apostel hat er mitgenommen. Sie werden Zeugen eines unvergesslichen Geschehens: »Während er betete, veränderte sich das Aussehen seines Gesichtes und sein Gewand wurde leuchtend weiß.« Jesus betet, seine Begleiter schlafen. Das ist wohl öfters passiert. Sie sind müde vom Weg, vom Aufstieg auf den Berg. So schlafen sie ein, während ihr Meister wacht und betet.

Als hätten sie gespürt, dass da etwas geschieht, wachen sie auf und sehen Jesus »in strahlendem Licht« und zwei Männer bei ihm, die mit ihm reden. Sie sprechen »von seinem Ende, das sich in Jerusalem erfüllen sollte«. Und schließlich hören sie eine Stimme, die sagt: »Dieser ist mein auserwählter Sohn, auf ihn sollt ihr hören.« Später haben die drei Zeugen von dem erzählt, was sie damals auf dem Berg erlebt haben.

Beten verwandelt: Das ist die Erfahrung, die wir bis heute machen können. Ich kann es bezeugen, es ist wirklich so. Ich brauche die Zeit des Gebets. Es ist, fast möchte ich sagen, lebensnotwendig wie das tägliche Brot. Mitten im Alltag mit seinem Getriebe, seinen Aufgaben, Verpflichtungen, seine Zerstreuungen und seinen Sorgen, braucht es die Momente der Stille. Nicht alle können sich in die Einsamkeit der Berge begeben. Jesus selber hat geraten: »Wenn du betest, geh in deine Kammer, schließ die Tür zu; dann bete zu deinem Vater, der im Verborgenen ist!«

Beten geht überall. Besser betet es sich an Orten der Stille. Entscheidend ist, dass wir uns dafür die Zeit nehmen. Beten braucht Zeit. Nur so kann es wirken. Aber dann wirkt es ganz sicher. Beten verwandelt. Wie oft habe ich erlebt, dass ich unruhig, unausgeglichen, mit mir selber unzufrieden ins Gebet gegangen bin – und nach einiger Zeit in Frieden, beruhigt, ausgeglichen das Gebet beendet habe.

Im Beten liegt eine große Kraft. Es erfrischt und erneuert. Es schenkt Klarheit und Licht. Vor allem aber: Es schenkt die Verbundenheit mit Gott. Sie hat damals Jesu Gesicht strahlend gemacht. Gebet verwandelt auch heute.

Dritter Fastensonntag

Ich habe keinen Mann

Lesejahr A

In jener Zeit kam Jesus zu einer Stadt in Samarien, die Sychar hieß und nahe bei dem Grundstück lag, das Jakob seinem Sohn Josef vermacht hatte. Dort befand sich der Jakobsbrunnen. Jesus war müde von der Reise und setzte sich daher an den Brunnen; es war um die sechste Stunde. Da kam eine Frau aus Samarien, um Wasser zu schöpfen. Jesus sagte zu ihr: Gib mir zu trinken! Seine Jünger waren nämlich in die Stadt gegangen, um etwas zum Essen zu kaufen. Die Samariterin sagte zu ihm: Wie kannst du als Jude mich, eine Samariterin, um etwas zu trinken bitten? Die Juden verkehren nämlich nicht mit den Samaritern. Jesus antwortete ihr: Wenn du wüsstest, worin die Gabe Gottes besteht und wer es ist, der zu dir sagt: Gib mir zu trinken!, dann hättest du ihn gebeten und er hätte dir lebendiges Wasser gegeben. Sie sagte zu ihm: Herr, du hast kein Schöpfgefäß und der Brunnen ist tief; woher hast du also das lebendige Wasser? Bist du etwa größer als unser Vater Jakob, der uns den Brunnen gegeben und selbst daraus getrunken hat, wie seine Söhne und seine Herden? Jesus antwortete ihr: Wer von diesem Wasser trinkt, wird wieder Durst bekommen; wer aber von dem Wasser trinkt, das ich ihm geben werde, wird niemals mehr Durst haben; vielmehr wird das Wasser, das ich ihm gebe, in ihm zu einer Quelle werden, deren Wasser ins ewige Leben fließt. Da sagte die Frau zu ihm: Herr, gib mir dieses Wasser, damit ich keinen Durst mehr habe und nicht mehr hierherkommen muss, um Wasser zu schöpfen! Er sagte zu ihr: Geh, ruf deinen Mann und komm wieder her! Die Frau antwortete: Ich habe keinen Mann. Jesus sagte zu ihr: Du hast richtig gesagt: Ich habe keinen Mann. Denn fünf Männer hast du gehabt und der, den du jetzt hast, ist nicht dein Mann. Damit hast du die Wahrheit gesagt. Die Frau sagte zu ihm: Herr, ich sehe, dass du ein Prophet bist. Unsere Väter haben auf diesem Berg Gott angebetet; ihr aber sagt, in Jerusalem sei die Stätte, wo man anbeten muss. Jesus sprach zu ihr: Glaube mir, Frau, die Stunde kommt, zu der ihr weder auf diesem Berg noch in Jerusalem den Vater anbeten werdet. Ihr betet an, was ihr nicht kennt, wir beten an, was wir kennen; denn das Heil kommt von den Juden. Aber die Stunde kommt und sie ist schon da, zu der die wahren Beter den Vater anbeten werden im Geist und in der Wahrheit; denn so will der Vater angebetet werden. Gott ist Geist und alle, die ihn anbeten, müssen im Geist und in der Wahrheit anbeten. Die Frau sagte zu ihm: Ich weiß, dass der Messias kommt, der Christus heißt. Wenn er kommt, wird er uns alles verkünden. Da sagte Jesus zu ihr: Ich bin es, der mit dir spricht. Inzwischen waren seine Jünger zurückgekommen. Sie wunderten sich, dass er mit einer Frau sprach, doch keiner sagte: Was suchst du? oder: Was redest du mit ihr? Die Frau ließ ihren Wasserkrug stehen, kehrte zurück in die Stadt und sagte zu den Leuten: Kommt her, seht, da ist ein Mensch, der mir alles gesagt hat, was ich getan habe: Ist er vielleicht der Christus? Da gingen sie aus der Stadt heraus und kamen zu ihm.

Währenddessen baten ihn seine Jünger: Rabbi, iss! Er aber sagte zu ihnen: Ich habe eine Speise zu essen, die ihr nicht kennt. Da sagten die Jünger zueinander: Hat ihm jemand etwas zu essen gebracht? Jesus sprach zu ihnen: Meine Speise ist es, den Willen dessen zu tun, der mich gesandt hat, und sein Werk zu vollenden. Sagt ihr nicht: Noch vier Monate dauert es bis zur Ernte? Sieh, ich sage euch: Erhebt eure Augen und seht, dass die Felder schon weiß sind zur Ernte! Schon empfängt der Schnitter seinen Lohn und sammelt Frucht für das ewige Leben, sodass sich der Sämann und der Schnitter gemeinsam freuen. Denn hier hat das Sprichwort recht: Einer sät und ein anderer erntet. Ich habe euch gesandt zu ernten, wofür ihr euch nicht abgemüht habt; andere haben sich abgemüht und euch ist ihre Mühe zugutegekommen. Aus jener Stadt kamen viele Samariter zum Glauben an Jesus auf das Wort der Frau hin, die bezeugt hatte: Er hat mir alles gesagt, was ich getan habe. Als die Samariter zu ihm kamen, baten sie ihn, bei ihnen zu bleiben; und er blieb dort zwei Tage. Und noch viel mehr Leute kamen zum Glauben an ihn aufgrund seiner eigenen Worte. Und zu der Frau sagten sie: Nicht mehr aufgrund deiner Rede glauben wir, denn wir haben selbst gehört und wissen: Er ist wirklich der Retter der Welt.

(Johannesevangelium 4,5–42)

Mit Frauen redet man nicht, und erst recht nicht mit Frauen einer anderen Religion und Kultur! Das war damals Brauch, nicht nur bei den Juden. In manchen Kulturen ist es bis heute so. Jesus scheut sich nicht, als Jude diese Frau anzusprechen, die da um »die sechste Stunde«, in der Mittagshitze, mit ihrem Krug zum Jakobsbrunnen kommt.

Die Begegnung zwischen Jesus und dieser Frau berührt mich immer neu. Sie sagt so viel über die Art, wie Jesus Menschen begegnet und wie wir einander begegnen können, wenn wir seinem Beispiel folgen.

Jesus beginnt mit einer Bitte: »Gib mir zu trinken!« Er kommt nicht mit frommen Reden, sondern mit einer Bitte, fast wie ein Bettler. Denn er hat kein Schöpfgefäß, um sich selber das Wasser aus dem tiefen Brunnen zu besorgen. Wie oft öffnet eine einfache, bescheidene Bitte das Herz des anderen.

Die Frau wundert sich, dass ein Mann, ein Jude, sie, eine Frau und Samariterin, einfach direkt anspricht und um Hilfe bittet. Ihr Herz öffnet sich. So kann Jesus ihr sein Herz öffnen. Er spricht von einer größeren Gabe, die er ihr geben will, einem Quell, der ein volles, glückliches Leben schenkt.

Dann spricht Jesus ihre Lebenssituation an: »Geh, ruf deinen Mann und komm wieder her!« Sie versucht auszuweichen: »Ich habe keinen Mann!« Darauf sagt Jesus ihr die bittere Wahrheit über ihr trauriges Leben auf den Kopf zu: »Fünf Männer hast du gehabt, und der, den du jetzt hast, ist nicht dein Mann. Damit hast du die Wahrheit gesagt.«

Wie schafft es Jesus, so klar und ohne herumzureden die Wahrheit zu sagen, ohne zu verletzen? Im Ton seiner Worte, im Ausdruck seines Gesichts, in seinem Blick muss etwas gewesen sein, das dieser unglücklichen Frau die Sicherheit gab, nicht verachtet und verurteilt zu sein. Alle wussten, wie sie lebte. Alle kannten ihre endlosen Männergeschichten. Und alle haben über sie getratscht und geurteilt. Letztlich haben ihre vielen Männer sie wohl nie wirklich geachtet und geliebt. Ich höre in ihrer Antwort an Jesus einen tiefen Schmerz, viel enttäuschte Sehnsucht: »Ich habe keinen Mann!«

Jetzt geschieht die große Wende in ihrem Leben. Sie läuft in ihr Dorf und sagt: »Da ist ein Mensch, der mir alles gesagt hat, was ich getan habe!« Plötzlich traut sie sich, ihr verpfuschtes Leben offen anzusprechen. Sie, die ausgestoßene Sünderin, führt nun selber das ganze Dorf zu Jesus hinaus. Viele entdecken in diesem Juden am Jakobsbrunnen den, dem sie alles anvertrauen können. Denn nicht nur die Frau mit ihren vielen Männern, wir alle brauchen einen, der uns die ganze Wahrheit über unser Leben sagt, ohne uns zu verurteilen. Wie befreiend ist diese Begegnung!

Tempelreinigung heute

Lesejahr B

Das Paschafest der Juden war nahe und Jesus zog nach Jerusalem hinauf. Im Tempel fand er die Verkäufer von Rindern, Schafen und Tauben und die Geldwechsler, die dort saßen. Er machte eine Geißel aus Stricken und trieb sie alle aus dem Tempel hinaus samt den Schafen und Rindern; das Geld der Wechsler schüttete er aus, ihre Tische stieß er um und zu den Taubenhändlern sagte er: Schafft das hier weg, macht das Haus meines Vaters nicht zu einer Markthalle! Seine Jünger erinnerten sich, dass geschrieben steht: Der Eifer für dein Haus wird mich verzehren. Da ergriffen die Juden das Wort und sagten zu ihm: Welches Zeichen lässt du uns sehen, dass du dies tun darfst? Jesus antwortete ihnen: Reißt diesen Tempel nieder und in drei Tagen werde ich ihn wieder aufrichten. Da sagten die Juden: Sechsundvierzig Jahre wurde an diesem Tempel gebaut und du willst ihn in drei Tagen wieder aufrichten? Er aber meinte den Tempel seines Leibes. Als er von den Toten auferweckt war, erinnerten sich seine Jünger, dass er dies gesagt hatte, und sie glaubten der Schrift und dem Wort, das Jesus gesprochen hatte. Während er zum Paschafest in Jerusalem war, kamen viele zum Glauben an seinen Namen, da sie die Zeichen sahen, die er tat. Jesus selbst aber vertraute sich ihnen nicht an, denn er kannte sie alle und brauchte von keinem ein Zeugnis über den Menschen; denn er wusste, was im Menschen war.

(JOHANNESEVANGELIUM 2,13–25)

Dritter Fastensonntag

Heiliges und Unheiliges wohnen oft nah beieinander. Wer Wallfahrtsorte aufsucht, ist oft hin- und hergerissen zwischen dem heiligen Ort und dem unheiligen Betrieb rundherum. Da wird viel gebetet, aber auch viel Geschäft gemacht. Das liegt nicht nur an den Geschäftsleuten, die ihre »Standln«, ihre Läden, betreiben, sondern auch an den Pilgern selber, die von ihrer Wallfahrt Andenken mitnehmen wollen.

Heiligtümer, Wallfahrtsorte sind stets auch wichtige Wirtschaftsfaktoren. Geld und Geschäft gab es immer schon im Umfeld heiliger Orte. Schon die Bibel weiß von der Versuchung, das Heilige ganz unheilig zu missbrauchen.

Der Tempel in Jerusalem war Jesus heilig. Von Kind an ist Jesus mit seinen Eltern und Verwandten zu den Festen von Nazaret in Galiläa nach Jerusalem hinaufgepilgert. Und mit den anderen Pilgern hatte er sich angewöhnt, die Pilgerlieder, die Wallfahrtspsalmen zu singen, etwa den Psalm 122: »Ich freute mich, als man mir sagte: Zum Haus des HERRN wollen wir gehen. Schon stehen unsere Füße in deinen Toren, Jerusalem ...« Die Freude war immer wieder groß, wenn die Pilgerschar vom Ölberg aus zum ersten Mal den prachtvollen Tempel sah: »Jerusalem als Stadt erbaut, die fest in sich gefügt ist«, so sang man bei diesem Anblick.

Umso besser können wir den »heiligen Zorn« Jesu verstehen, als er am heiligen Ort, im Vorhof des Tempels, all die »Verkäufer von Rindern, Schafen und Tauben fand, und die Geldwechsler, die dort saßen«. So haben wir Jesus noch nie gesehen. Er, der von sich selber gesagt hat, er sei sanftmütig und demütig, er, der überall Frieden und Versöhnung gepredigt hat, macht eine Geißel aus Stricken und treibt damit alle die Händler aus dem Tempel hinaus: »Schafft das hier weg, macht das Haus meines Vaters nicht zu einer Markthalle!«

War Jesus ein Revolutionär? Hat er gar durch diese Aktion die Anwendung von Gewalt gutgeheißen? Religion und Gewalt: Das ist ein Thema, das heute die ganze Welt bewegt. Im Namen Gottes werden Menschen umgebracht. Selbstmordattentäter sprengen sich in die Luft und töten viele andere mit sich. Im Namen der Religion werden Andersgläubige diskriminiert, verfolgt, vertrieben. So wird oft Gewalt mit Religion verknüpft, durch Religion gerechtfertigt. Verständlich, dass Menschen sich deshalb von der Religion abwenden, weil sie von so viel Gewalt angewidert sind.

Dritter Fastensonntag

Hat Jesus religiös begründete Gewalt gutgeheißen? Er selber gibt die Antwort. Als man ihn zur Rede stellt, warum er so hart gegen die Händler im Tempel vorgeht, antwortet er mit einem rätselhaften Wort: »Reißt diesen Tempel nieder und in drei Tagen werde ich ihn wieder aufrichten.« Jesus meinte nicht den prachtvollen Tempel in Jerusalem, sondern »den Tempel seines Leibes«. Er deutet damit an, dass man ihn töten werde, dass er aber nach drei Tagen auferstehen wird.

Was Jesus damals im Tempel in Jerusalem tat, war vor allem symbolischer Art. Ein Einzelner, nur mit einer »Geißel aus Stricken« bewaffnet, kann nicht den ganzen Tempel von Händlern »reinigen«. Jesus hat nicht Gewalt gepredigt, sondern zu Umkehr und Besinnung aufgerufen. Es tat ihm weh, was die Menschen aus dem »Haus meines Vaters« gemacht haben. Diese »Tempelreinigung« ist bis heute ein Dauerauftrag Jesu an uns alle.

Zeit der liebenden Aufmerksamkeit

Das kann jedem passieren

Lesejahr C

Zu jener Zeit kamen einige Leute und berichteten Jesus von den Galiläern, deren Blut Pilatus mit dem ihrer Opfertiere vermischt hatte. Und er antwortete ihnen: Meint ihr, dass diese Galiläer größere Sünder waren als alle anderen Galiläer, weil das mit ihnen geschehen ist? Nein, sage ich euch, vielmehr werdet ihr alle genauso umkommen, wenn ihr nicht umkehrt. Oder jene achtzehn Menschen, die beim Einsturz des Turms am Schiloach erschlagen wurden – meint ihr, dass sie größere Schuld auf sich geladen hatten als alle anderen Einwohner von Jerusalem? Nein, sage ich euch, vielmehr werdet ihr alle ebenso umkommen, wenn ihr nicht umkehrt. Und er erzählte ihnen dieses Gleichnis: Ein Mann hatte in seinem Weinberg einen Feigenbaum gepflanzt; und als er kam und nachsah, ob er Früchte trug, fand er keine. Da sagte er zu seinem Winzer: Siehe, jetzt komme ich schon drei Jahre und sehe nach, ob dieser Feigenbaum Früchte trägt, und finde nichts. Hau

ihn um! Was soll er weiter dem Boden seine Kraft nehmen? Der Winzer erwiderte: Herr, lass ihn dieses Jahr noch stehen; ich will den Boden um ihn herum aufgraben und düngen. Vielleicht trägt er in Zukunft Früchte; wenn nicht, dann lass ihn umhauen!
(LUKASEVANGELIUM 13,1–9)

Zwei Nachrichten, wie sie uns tagtäglich begegnen. Die eine wird Jesus berichtet. Die andere erzählt Jesus selber. Die eine ein brutales Massaker, die andere ein tragisches Unglück. Pilatus, der römische Statthalter, hat wieder einmal blutig seine Grausamkeit bewiesen. Der Tempel in Jerusalem war das Herz des religiösen Lebens des Judentums. Gerade dort zeigte sich immer wieder der Freiheitsdrang des unterdrückten jüdischen Volkes. Und ebendort geschah es, dass vom römischen Besatzer die aufkeimenden Aufstände sofort im Blut erstickt wurden.

So etwas war wieder einmal geschehen. Pilger aus Galiläa, der Heimat Jesu, wurden zusammen mit den Tieren, die sie im Tempel opfern wollten, niedergemacht, sodass sich ihr Blut »mit dem ihrer Opfertiere vermischt hatte«.

Zeit der liebenden Aufmerksamkeit

Was sagst du dazu?, fragen die Leute Jesus. Was wollen sie hören? Was steht hinter ihrer Frage? Wir stellen einander oft ähnliche Fragen: Hast du schon gehört? Hast du im Fernsehen gesehen? Was sagst du dazu? Für Jesus konnte das damals eine Fangfrage sein. Vielleicht wollten die Leute von Jesus eine Verurteilung der bekannt brutalen Art des römischen Besatzers hören. Wir suchen ja heute auch immer gleich Schuldige, die wir für ein Unglück anprangern können.

Jesus dreht die Frage völlig um. Sucht nicht Schuldige! Lasst die Schuldfrage aus dem Spiel. Ist dieses Massaker passiert, weil das vielleicht eine Strafe Gottes war? Haben es die Opfer vielleicht gar selber verdient, dass ihnen so Schreckliches widerfahren ist? Um alle diese Spekulationen abzublocken, erinnert Jesus an eine andere Nachricht: In Jerusalem ist ein Turm eingestürzt und hat achtzehn Menschen unter seinen Trümmern begraben. Was sagt ihr dazu? Was soll da die Schuldfrage?

Wie gehen wir mit den täglichen Schreckensnachrichten um? Jesus erinnert uns an etwas ganz Einfaches: Das kann jedem von uns passieren. Das Blutbad im Musikclub Bataclan in Paris zum Beispiel – leider ist ein solcher Terrorakt heute überall auf der Welt möglich. Gegen solch ein Unglück ist keiner von uns versichert.

Wie also damit umgehen? Sollten wir uns nicht bei allen diesen Unglücksmeldungen immer auch die Frage stellen: Was hat das mir zu sagen? Muss nicht ich selber mich besinnen? Was würde ein solcher Unfall für mein Leben bedeuten? Kann nicht jeder Tag mein letzter sein? Jesus sagt es in einem etwas herben und harschen Ton: Ihr werdet genauso umkommen, wenn ihr euch nicht bekehrt!

Um Bekehrung geht es also. Das will Jesus mit dem Gleichnis zeigen, das er dazu erzählt. Warum ist mir bisher kein solches Unglück passiert? Nicht weil du besser bist als die Opfer, sondern weil Gott mit dir geduldig ist, bist du vor solchem Geschick bewahrt geblieben. Du bist vielleicht wie dieser Feigenbaum im Weingarten. Eigentlich gehört er längst umgeschnitten. Er laugt nur unnütz den guten Boden aus. Jesus aber ist wie der Weingärtner. Er sagt dem Besitzer: Hab noch ein Jahr Geduld! Vielleicht bringt der Baum dann doch noch Feigen.

Wie wäre es, wenn wir mit den täglichen Nachrichten so umgingen? Das alles könnte ja auch mir passieren! Solche Besinnung kann mein Leben zum Guten wenden.

Vierter Fastensonntag

Jetzt kann ich sehen

Lesejahr A

Unterwegs sah Jesus einen Mann, der seit seiner Geburt blind war. Da fragten ihn seine Jünger: Rabbi, wer hat gesündigt? Er selbst oder seine Eltern, sodass er blind geboren wurde? Jesus antwortete: Weder er noch seine Eltern haben gesündigt, sondern die Werke Gottes sollen an ihm offenbar werden. Wir müssen, solange es Tag ist, die Werke dessen vollbringen, der mich gesandt hat; es kommt die Nacht, in der niemand mehr wirken kann. Solange ich in der Welt bin, bin ich das Licht der Welt. Als er dies gesagt hatte, spuckte er auf die Erde; dann machte er mit dem Speichel einen Teig, strich ihn dem Blinden auf die Augen und sagte zu ihm: Geh und wasch dich in dem Teich Schiloach! Das heißt übersetzt: der Gesandte. Der Mann ging fort und wusch sich. Und als er zurückkam, konnte er sehen. Die Nachbarn und jene, die ihn früher als Bettler gesehen hatten, sagten: Ist das nicht der Mann, der dasaß und bettelte? Einige sagten: Er ist es. Andere sagten: Nein, er sieht ihm nur ähnlich. Er selbst aber sagte: Ich bin es. Da fragten sie ihn: Wie sind deine Augen geöffnet worden? Er antwortete: Der Mann, der Jesus heißt, machte einen Teig, bestrich damit meine Augen und sagte zu mir: Geh zum Schiloach und wasch dich! Ich ging hin, wusch mich und konnte sehen. Sie fragten ihn: Wo ist er? Er sagte: Ich weiß es nicht. Da brachten sie den Mann, der blind gewesen war, zu den Pharisäern. Es war aber Sabbat an dem Tag, als Jesus den Teig gemacht und ihm die Augen geöffnet hatte. Auch die Pharisäer fragten ihn, wie er sehend geworden sei. Er antwortete ihnen: Er legte mir einen Teig auf die Augen und ich wusch mich und jetzt sehe ich. Einige der Pharisäer sagten: Dieser Mensch ist nicht von Gott, weil er den Sabbat nicht hält. Andere aber sagten: Wie kann ein sündiger Mensch solche Zeichen tun? So entstand eine Spaltung unter ihnen. Da fragten sie den Blinden noch einmal: Was sagst du selbst über ihn? Er hat doch deine Augen geöffnet. Der Mann sagte: Er ist ein Prophet. Die Juden aber wollten nicht glauben, dass er blind gewesen und sehend geworden war. Daher riefen sie die Eltern des von der Blindheit Geheilten und fragten sie: Ist das euer Sohn, von dem ihr sagt, dass er blind geboren wurde? Wie kommt es, dass er jetzt sieht? Seine Eltern antworteten: Wir wissen, dass er unser Sohn ist und dass er blind geboren wurde. Wie es kommt, dass er jetzt sieht, das wissen wir nicht. Und wer seine Augen geöffnet hat, das wissen wir auch nicht. Fragt doch ihn selbst, er ist alt genug und kann selbst für sich sprechen! Das sagten seine Eltern, weil sie sich vor den Juden fürchteten; denn die Juden hatten schon beschlossen, jeden, der ihn als den Christus bekenne, aus der Synagoge auszustoßen. Deswegen sagten seine Eltern: Er ist alt genug, fragt ihn selbst! Da riefen die Pharisäer den Mann, der blind gewesen war, zum zweiten Mal und sagten zu ihm: Gib Gott die Ehre! Wir wissen, dass dieser Mensch ein Sünder ist. Er antwortete: Ob er ein Sünder ist, weiß ich nicht. Nur das eine weiß ich, dass ich blind war und jetzt sehe. Sie frag-

Vierter Fastensonntag

ten ihn: Was hat er mit dir gemacht? Wie hat er deine Augen geöffnet? Er antwortete ihnen: Ich habe es euch bereits gesagt, aber ihr habt nicht gehört. Warum wollt ihr es noch einmal hören? Wollt etwa auch ihr seine Jünger werden? Da beschimpften sie ihn: Du bist ein Jünger dieses Menschen; wir aber sind Jünger des Mose. Wir wissen, dass zu Mose Gott gesprochen hat; aber von dem da wissen wir nicht, woher er kommt. Der Mensch antwortete ihnen: Darin liegt ja das Erstaunliche, dass ihr nicht wisst, woher er kommt; dabei hat er doch meine Augen geöffnet. Wir wissen, dass Gott Sünder nicht erhört; wer aber Gott fürchtet und seinen Willen tut, den erhört er. Noch nie hat man gehört, dass jemand die Augen eines Blindgeborenen geöffnet hat. Wenn dieser nicht von Gott wäre, dann hätte er gewiss nichts ausrichten können. Sie entgegneten ihm: Du bist ganz und gar in Sünden geboren und du willst uns belehren? Und sie stießen ihn hinaus. Jesus hörte, dass sie ihn hinausgestoßen hatten, und als er ihn traf, sagte er zu ihm: Glaubst du an den Menschensohn? Da antwortete jener und sagte: Wer ist das, Herr, damit ich an ihn glaube? Jesus sagte zu ihm: Du hast ihn bereits gesehen; er, der mit dir redet, ist es. Er aber sagte: Ich glaube, Herr! Und er warf sich vor ihm nieder. Da sprach Jesus: Um zu richten, bin ich in diese Welt gekommen: damit die nicht Sehenden sehen und die Sehenden blind werden. Einige Pharisäer, die bei ihm waren, hörten dies. Und sie fragten ihn: Sind etwa auch wir blind? Jesus sagte zu ihnen: Wenn ihr blind wärt, hättet ihr keine Sünde. Jetzt aber sagt ihr: Wir sehen. Darum bleibt eure Sünde.

(JOHANNESEVANGELIUM 9,1–41)

Zwei Menschen begegnen einander mitten in der Menschenmenge in Jerusalem. Vom einen wissen wir keinen Namen. Der andere ist Jesus. Der eine ist blind. Er kann Jesus nicht sehen. Aber Jesus sieht ihn. Dem einen fehlt von Geburt an das Augenlicht. Der andere, Jesus, sagt von sich, er sei das Licht der Welt. Der Blinde weiß nicht, wie ihm geschieht. Jesus geht einfach auf ihn zu, tut etwas Überraschendes: Mit seiner Spucke macht er aus etwas Erde einen Teig und bestreicht damit die Augen des Blinden. Er schickt den Blinden zu einem bekannten

Teich in Jerusalem. Dort soll er sich die Augen waschen. Der Blinde tut es und wird sehend. Die Aufregung ist groß. Die Leute fragen sich, ob das wirklich der blinde Bettler ist, den sie kannten.

Die Antwort des Blinden ist kurz und klar: Ich bin es! Und mit diesem knappen Wort beginnt für ihn ein schwerer Weg, der ihn schließlich zu Jesus führt. Denn noch weiß er nicht, wie ihm geschehen ist. Er weiß nur eines: Der Mann, der Jesus heißt, hat ihm die Augen bestrichen und ihn zum Teich Schiloach geschickt, um sich zu waschen. »Ich ging hin, wusch mich und konnte sehen.« Manche meinen, er lüge. Andere bezweifeln, ob er wirklich blind gewesen sei. Und je mehr der bisher Blinde erzählt, wie er sehend geworden ist, desto klarer sieht er, dass dieser Mann Jesus wirklich von Gott sein muss: »Er ist ein Prophet.«

Jesus hat den Blinden an einem Sabbat geheilt. Am Sabbat darf aber ein gläubiger Jude keine Arbeit verrichten. Kann Jesus von Gott sein, wenn er Gottes Gebote nicht hält? So kritisieren die einen. Wieso kann er dann so ein großes Wunder tun?, fragen die anderen. Dem Geheilten wird immer klarer: Dieser Mann Jesus muss von Gott kommen, sonst hätte er nicht so ein Wunder wirken können. Er bekennt sich zu Jesus, und das genügt, dass er hinausgeworfen wird aus seiner bisherigen Gemeinschaft. So kommt es zum letzten Schritt in dieser Begegnung. Er trifft Jesus, den er bisher nicht sehen konnte. Jesus fragt ihn: »Glaubst du an den Menschensohn?« »Wer ist das?« – »Ich bin es!« Jetzt kann es zur vollen Gemeinschaft mit Jesus kommen.

Warum wird dieses Evangelium in der Fastenzeit gelesen? Ich denke, es soll daran erinnern, was der Weg hin zum Osterfest bedeutet. Viele Erwachsene – derzeit sind es mehrere Hundert österreichweit – bereiten sich jedes Jahr auf die Taufe vor, die der Großteil zu Ostern empfangen wird. Nicht wenige von ihnen sind Muslime. Sie riskieren viel mit diesem Schritt. Sie bekennen sich zu Jesus und werden dafür aus ihrer bisherigen Glaubensgemeinschaft ausgeschlossen. Diese erwachsenen Taufbewerber haben einen ähnlichen Weg erlebt wie der Blindgeborene. Irgendwann sind sie Jesus begegnet. Das hat etwas in ihrem Leben verändert. Jesus hat ihnen die Augen geöffnet. Sie haben den Sinn ihres Lebens neu sehen gelernt. Und sie können anderen davon erzählen, was es für sie bedeutet, Christ geworden zu sein: Jetzt kann ich sehen!

# Nicht richten, sondern retten

Lesejahr B

In jener Zeit sprach Jesus zu Nikodemus: Wie Mose die Schlange in der Wüste erhöht hat, so muss der Menschensohn erhöht werden, damit jeder, der glaubt, in ihm ewiges Leben hat. Denn Gott hat die Welt so sehr geliebt, dass er seinen einzigen Sohn hingab, damit jeder, der an ihn glaubt, nicht verloren geht, sondern ewiges Leben hat. Denn Gott hat seinen Sohn nicht in die Welt gesandt, damit er die Welt richtet, sondern damit die Welt durch ihn gerettet wird. Wer an ihn glaubt, wird nicht gerichtet; wer nicht glaubt, ist schon gerichtet, weil er nicht an den Namen des einzigen Sohnes Gottes geglaubt hat. Denn darin besteht das Gericht: Das Licht kam in die Welt, doch die Menschen liebten die Finsternis mehr als das Licht; denn ihre Taten waren böse. Jeder, der Böses tut, hasst das Licht und kommt nicht zum Licht, damit seine Taten nicht aufgedeckt werden. Wer aber die Wahrheit tut, kommt zum

Licht, damit offenbar wird, dass seine Taten in Gott vollbracht sind.
(JOHANNESEVANGELIUM 3,14–21)

Für mich ist dieses Wort Jesu wie ein Schlüssel zu seinem Herzen. Es sagt, worum es Jesus wirklich gegangen ist. Und es zeigt den Weg, den er gegangen ist. Es ist ein Kernsatz des Evangeliums, eine Einladung, diesem Wort zu vertrauen und daraus zu leben.

In einem langen nächtlichen Gespräch hat Jesus dem jüdischen Ratsherrn Nikodemus anvertraut, worum es ihm geht, worauf es ankommt: »Gott hat die Welt so sehr geliebt, dass er seinen einzigen Sohn hingab, damit jeder, der glaubt, in ihm das ewige Leben hat. Denn Gott hat seinen Sohn nicht in die Welt gesandt, damit er die Welt richtet, sondern damit die Welt durch ihn gerettet wird.«

Nicht richten, sondern retten! Das ist Jesu Absicht, das ist Gottes Plan. Dem entspricht, was Jesus selber gesagt hat: »Richtet nicht, damit ihr nicht gerichtet werdet.« Es wird so viel geurteilt, gerichtet, verurteilt. Menschen werden ausgerichtet. Wir lassen so oft kein gutes Haar am anderen. Wir sehen die

Vierter Fastensonntag

Fehler der anderen mit unerbittlicher Schärfe und sind oft blind für die eigenen Fehler.

Aber wurde uns nicht Gott vor allem als Richter dargestellt? Als ein strenger Buchhalter, der ganz genau jeden unserer Fehler registriert, sie für immer in seinem unfehlbaren Gedächtnis aufbewahrt, um sie uns dann im Gericht genau aufzuzählen und vorzuhalten? Doch genau diese immer noch verbreitete Vorstellung vom Richter-Gott will Jesus zurechtrücken. Und er gebraucht dafür ein Bild, das allen gläubigen Juden damals vertraut war: die Geschichte von der metallenen Schlange in der Wüste.

Als das Volk auf seiner Wüstenwanderung gegen Gott murrte und aufbegehrte, kamen giftige Schlangen, durch deren Bisse viele starben. Daraufhin ließ Mose eine kupferne Schlange anfertigen und an einer hohen Stange befestigen. Wenn nun jemand von einer Schlange gebissen wurde, musste er nur zur kupfernen Schlange hinaufschauen und blieb am Leben.

So fremd ist uns dieses Symbol einer Schlange, die sich um einen Stab windet, auch heute nicht. Es findet sich als Zeichen der Ärzte und Apotheker wieder. Auch wenn dieser Äskulapstab aus der griechischen Mythologie stammt, so hat er doch dieselbe Bedeutung wie der Schlangenstab des Mose: Er ist Symbol der Heilung und der Rettung. Die Wiener Rettung hat ihn in ihrem Wappen, im senkrechten Balken des Kreuzes. Das ist ihr Beruf: Menschenleben zu retten.

Jesus hat das Zeichen des Schlangenstabes des Mose auf sich selber angewandt: »Wie Mose die Schlange in der Wüste erhöht hat, so muss der Menschensohn erhöht werden, damit jeder, der glaubt, in ihm das ewige Leben hat.« In verhüllten Worten spricht Jesus hier von seinem bevorstehenden Tod am Kreuz. Auch er wird, wie die metallene Schlange, angenagelt und am Kreuz »erhöht« werden, sodass ihn alle sehen und zu ihm aufblicken können.

Aufblicken zum Kreuz! Mehrmals habe ich es bei Sterbenden erlebt, dass sie zum Kreuz Jesu hinaufgeschaut und darin Frieden gefunden haben. Das Kreuz ist das Zeichen der Rettung, nicht des Gerichts. Das gilt im Leben wie im Sterben. »Gott hat die Welt so sehr geliebt ...« Das Kreuz ist das Zeichen eines Gottes, der uns Menschen nicht richten, sondern retten will. Es ist ja kein Zufall, dass die Wagen der Berufsrettung Wien unter diesem Zeichen unterwegs sind.

Vierter Fastensonntag

Testfragen an mein Verhalten

Lesejahr C

Alle Zöllner und Sünder kamen zu ihm, um ihn zu hören. Die Pharisäer und die Schriftgelehrten empörten sich darüber und sagten: Dieser nimmt Sünder auf und isst mit ihnen. Da erzählte er ihnen dieses Gleichnis und sagte: Ein Mann hatte zwei Söhne. Der jüngere von ihnen sagte zu seinem Vater: Vater, gib mir das Erbteil, das mir zusteht! Da teilte der Vater das Vermögen unter sie auf. Nach wenigen Tagen packte der jüngere Sohn alles zusammen und zog in ein fernes Land. Dort führte er ein zügelloses Leben und verschleuderte sein Vermögen. Als er alles durchgebracht hatte, kam eine große Hungersnot über jenes Land und er begann Not zu leiden. Da ging er zu einem Bürger des Landes und drängte sich ihm auf; der schickte ihn aufs Feld zum Schweinehüten. Er hätte gern seinen Hunger mit den Futterschoten gestillt, die die Schweine fraßen; aber niemand gab ihm davon. Da ging er in sich und sagte: Wie viele Tagelöhner meines Vaters haben Brot im

Überfluss, ich aber komme hier vor Hunger um. Ich will aufbrechen und zu meinem Vater gehen und zu ihm sagen: Vater, ich habe mich gegen den Himmel und gegen dich versündigt. Ich bin nicht mehr wert, dein Sohn zu sein; mach mich zu einem deiner Tagelöhner! Dann brach er auf und ging zu seinem Vater. Der Vater sah ihn schon von Weitem kommen und er hatte Mitleid mit ihm. Er lief dem Sohn entgegen, fiel ihm um den Hals und küsste ihn. Da sagte der Sohn zu ihm: Vater, ich habe mich gegen den Himmel und gegen dich versündigt; ich bin nicht mehr wert, dein Sohn zu sein. Der Vater aber sagte zu seinen Knechten: Holt schnell das beste Gewand und zieht es ihm an, steckt einen Ring an seine Hand und gebt ihm Sandalen an die Füße! Bringt das Mastkalb her und schlachtet es; wir wollen essen und fröhlich sein. Denn dieser, mein Sohn, war tot und lebt wieder; er war verloren und ist wiedergefunden worden. Und sie begannen, ein Fest zu feiern. Sein älterer Sohn aber war auf dem Feld. Als er heimging und in die Nähe des Hauses kam, hörte er Musik und Tanz. Da rief er einen der Knechte und fragte, was das bedeuten sol-

le. Der Knecht antwortete ihm: Dein Bruder ist gekommen und dein Vater hat das Mastkalb schlachten lassen, weil er ihn gesund wiederbekommen hat. Da wurde er zornig und wollte nicht hineingehen. Sein Vater aber kam heraus und redete ihm gut zu. Doch er erwiderte seinem Vater: Siehe, so viele Jahre schon diene ich dir und nie habe ich dein Gebot übertreten; mir aber hast du nie einen Ziegenbock geschenkt, damit ich mit meinen Freunden ein Fest feiern konnte. Kaum aber ist der hier gekommen, dein Sohn, der dein Vermögen mit Dirnen durchgebracht hat, da hast du für ihn das Mastkalb geschlachtet. Der Vater antwortete ihm: Mein Kind, du bist immer bei mir und alles, was mein ist, ist auch dein. Aber man muss doch ein Fest feiern und sich freuen; denn dieser, dein Bruder, war tot und lebt wieder; er war verloren und ist wiedergefunden worden.
(LUKASEVANGELIUM 15,1–3.11–32)

Man nennt es das Gleichnis vom verlorenen Sohn. Selten hat Jesus so klar gesagt, was sein Herzensanliegen ist. Um es zu verstehen, empfehle ich einen einfachen Test: Versuchen wir uns in jede der drei Hauptpersonen hineinzudenken. Was entdecke ich dabei über mich selber, mein Verhalten, meine Einstellungen?

Der jüngere Sohn will frei sein, selbständig, unabhängig. Obwohl der Vater noch lebt, verlangt er jetzt schon sein Erbteil. Der ältere Bruder muss ansehen, wie der Vater dem frechen Jüngeren das Erbe ausbezahlt. Unerfahren, leichtsinnig, lebenshungrig verjubelt dieser schnell sein Vermögen. In der Not denkt er an zu Hause. Testfrage: Habe ich Ähnliches erlebt? Leichtsinn mit schmerzlichen Folgen? Haben mich leidvolle Erfahrungen zu Besinnung und Reue bewegt? Kenne ich die Sehnsucht nach Heimkehr?

Der Vater wartet auf den verlorenen Sohn, trotz allem, was er getan hat. Kein Wort des Vorwurfs. Nur eine feste, lange Umarmung und riesige Freude. Es ist ein Fest. Testfrage: Kann ich so verzeihen? So auf den zugehen, der mich enttäuscht hat? Ohne Bitterkeit, obwohl doch viel Vermögen dabei verloren ging? Was sagt mir die Haltung des Vaters?

Den Zorn und die Bitterkeit des älteren Bruders kann ich gut verstehen. Ich hätte wohl ähnlich reagiert. Zornig ist er vor allem auf den Vater. Ihm wirft er vor, seinem nichtsnutzigen Sohn alles zu verzeihen. Jetzt muss er, der brav zu Hause geblieben war und stets gearbeitet hat, sein Erbe mit dem anderen teilen. Testfrage: Bin ich bereit, wie der Vater von Herzen zu verzeihen? Oder bleibe ich bei meinem Zorn? Unversöhnt und hart?

Lassen wir jeden der Drei auf uns wirken! Sie stellen mein eigenes Verhalten ordentlich in Frage. Aber genau das wollte Jesus.

Fünfter Fastensonntag

Lazarus, komm heraus

Lesejahr A

Ein Mann war krank, Lazarus aus Betanien, dem Dorf der Maria und ihrer Schwester Marta. Maria war jene, die den Herrn mit Öl gesalbt und seine Füße mit ihren Haaren abgetrocknet hatte; deren Bruder Lazarus war krank. Daher sandten die Schwestern Jesus die Nachricht: Herr, sieh: Der, den du liebst, er ist krank. Als Jesus das hörte, sagte er: Diese Krankheit führt nicht zum Tod, sondern dient der Verherrlichung Gottes. Durch sie soll der Sohn Gottes verherrlicht werden. Jesus liebte aber Marta, ihre Schwester und Lazarus. Als er hörte, dass Lazarus krank war, blieb er noch zwei Tage an dem Ort, wo er sich aufhielt. Danach sagte er zu den Jüngern: Lasst uns wieder nach Judäa gehen. Die Jünger sagten zu ihm: Rabbi, eben noch suchten dich die Juden zu steinigen und du gehst wieder dorthin? Jesus antwortete: Hat der Tag nicht zwölf Stunden? Wenn jemand am Tag umhergeht, stößt er nicht an, weil er das Licht dieser Welt sieht; wenn aber jemand in der Nacht umhergeht, stößt er an, weil das Licht nicht in ihm ist. So sprach er. Dann sagte er zu ihnen: Lazarus, unser Freund, schläft; aber ich gehe hin, um ihn aufzuwecken. Da sagten die Jünger zu ihm: Herr, wenn er schläft, dann wird er gesund werden. Jesus hatte aber von seinem Tod gesprochen, während sie meinten, er spreche von dem gewöhnlichen Schlaf. Darauf sagte ihnen Jesus unverhüllt: Lazarus ist gestorben. Und ich freue mich für euch, dass ich nicht dort war; denn ich will, dass ihr glaubt. Doch wir wollen zu ihm gehen. Da sagte Thomas, genannt Didymus, zu den anderen Jüngern: Lasst uns mit ihm gehen, um mit ihm zu sterben! Als Jesus ankam, fand er Lazarus schon vier Tage im Grab liegen. Betanien war nahe bei Jerusalem, etwa fünfzehn Stadien entfernt. Viele Juden waren zu Marta und Maria gekommen, um sie wegen ihres Bruders zu trösten. Als Marta hörte, dass Jesus komme, ging sie ihm entgegen, Maria aber blieb im Haus sitzen. Marta sagte zu Jesus: Herr, wärst du hier gewesen, dann wäre mein Bruder nicht gestorben. Aber auch jetzt weiß ich: Alles, worum du Gott bittest, wird Gott dir geben. Jesus sagte zu ihr: Dein Bruder wird auferstehen. Marta sagte zu ihm: Ich weiß, dass er auferstehen wird bei der Auferstehung am Jüngsten Tag. Jesus sagte zu ihr: Ich bin die Auferstehung und das Leben. Wer an mich glaubt, wird leben, auch wenn er stirbt, und jeder, der lebt und an mich glaubt, wird auf ewig nicht sterben. Glaubst du das? Marta sagte zu ihm: Ja, Herr, ich glaube, dass du der Christus bist, der Sohn Gottes, der in die Welt kommen soll. Nach diesen Worten ging sie weg, rief heimlich ihre Schwester Maria und sagte zu ihr: Der Meister ist da und lässt dich rufen. Als Maria das hörte, stand sie sofort auf und ging zu ihm. Denn Jesus war noch nicht in das Dorf gekommen; er war noch dort, wo ihn Marta getroffen hatte. Die Juden, die bei Maria im Haus waren und sie trösteten, sahen, dass sie plötzlich aufstand und hinausging. Da folgten sie ihr, weil sie meinten, sie gehe zum Grab, um dort zu weinen. Als Maria dorthin kam, wo Jesus war, und ihn sah, fiel sie ihm zu Füßen und sagte zu ihm: Herr, wärst du hier gewesen, dann wäre mein Bruder nicht gestorben. Als Jesus sah, wie sie weinte und wie auch die Juden weinten, die mit ihr gekommen waren, war er im Innersten erregt und erschüttert. Er sagte: Wo habt ihr ihn bestattet? Sie sagten zu ihm: Herr, komm und sieh! Da weinte Jesus. Die Juden sagten: Seht, wie lieb er ihn hatte! Einige aber sagten: Wenn er dem Blinden die Augen geöffnet hat, hätte er dann nicht auch verhindern können, dass dieser hier starb? Da wurde Jesus wiederum innerlich erregt und er ging zum Grab. Es war eine Höhle, die mit einem Stein verschlossen war. Jesus sagte: Nehmt den Stein weg! Marta, die Schwester des Verstorbenen, sagte zu ihm: Herr, er riecht aber schon, denn es ist bereits der vierte Tag. Jesus sagte zu ihr: Habe ich dir nicht gesagt: Wenn du glaubst, wirst du die Herrlichkeit Gottes sehen? Da nahmen sie den Stein weg. Jesus aber erhob seine Augen und sprach: Vater, ich danke dir, dass du mich erhört hast. Ich wusste, dass du mich immer erhörst; aber wegen der Menge, die um mich herumsteht, habe ich es gesagt, damit sie glauben, dass du mich gesandt hast. Nachdem er dies gesagt hatte, rief er mit lauter Stimme: Lazarus, komm heraus! Da kam der Verstorbene heraus; seine Füße und Hände waren mit Binden umwickelt und sein Gesicht war mit einem Schweißtuch verhüllt. Jesus sagte zu ihnen: Löst ihm die Binden und lasst ihn weggehen! Viele der Juden, die zu Maria gekommen waren und gesehen hatten, was Jesus getan hatte, kamen zum Glauben an ihn.

(JOHANNESEVANGELIUM 11,1–45)

Ostern ist nahe. Noch vierzehn Tage bis Ostersonntag. Jesus war schon nahe an seinem Ziel: Ostern in Jerusalem. Ein gefährliches Ziel. An diesem jüdischen Osterfest, am Pessachfest des Jahres 30, wird er sein irdisches Lebensziel erreichen. Er wird leiden, sterben und auferstehen. Jesus weiß, dass es so kommen wird. Mehrmals hat er es selber vorausgesagt.

Da erreicht ihn die Nachricht, dass sein Freund Lazarus schwer erkrankt ist. Er lebt in Betanien, einem Vorort von Jerusalem. Soll Jesus riskieren, ihn zu besuchen? Alle wissen: Man will ihn töten. Jesus entscheidet sich für seinen Freund, auf die Gefahr hin, festgenommen zu werden.

Als er in Betanien ankommt, ist sein Freund schon vier Tage lang im Grab. Als die beiden Schwestern ihn zum Grab ihres Bruders führen, bricht Jesus in Tränen aus: »Seht, wie lieb er ihn hatte!« – so sagen die Leute.

Die Schwestern des Lazarus trösten sich mit ihrem Glauben, dass ihr Bruder auferstehen wird, »am Jüngsten Tag«. Dieser Glaube tröstet auch heute viele: Es gibt ein Leben nach dem Tod. Damals, in Betanien, hat Jesus ein Zeichen gesetzt: Er lässt den Grabstein entfernen und ruft den Toten zurück ins Leben: »Lazarus, komm heraus!«

Das Unfassbare geschieht. Der Tote kommt heraus. Er lebt. Niemand kann es bezweifeln. Viele kommen zum Glauben an Jesus. Seine Gegner sind umso überzeugter: Jetzt ist es höchste Zeit, dass er stirbt, denn sonst werden noch mehr Menschen zu seinen Anhängern. Nur vierzehn Tage später ist es so weit. Es kommt zum kurzen Prozess gegen Jesus, der mit seinem Tod am Kreuz endet.

Aber das Leben lässt sich nicht töten. »Ich bin die Auferstehung und das Leben«, hat Jesus zu den Schwestern des Lazarus gesagt. Und was er damals zu Marta gesagt hat, das sagt er heute zu allen, die um einen geliebten Menschen trauern: »Dein Bruder wird auferstehen« – und deine Schwester, deine Eltern, dein geliebter Partner, deine Freunde. »Glaubst du das?« Es liegt an mir, ob ich dieser Zusage Vertrauen schenke.

Ein Trost für alle

Lesejahr B

Unter den Pilgern, die beim Fest Gott anbeten wollten, gab es auch einige Griechen. Diese traten an Philippus heran, der aus Betsaida in Galiläa stammte, und baten ihn: Herr, wir möchten Jesus sehen. Philippus ging und sagte es Andreas; Andreas und Philippus gingen und sagten es Jesus. Jesus aber antwortete ihnen: Die Stunde ist gekommen, dass der Menschensohn verherrlicht wird. Amen, amen, ich sage euch: Wenn das Weizenkorn nicht in die Erde fällt und stirbt, bleibt es allein; wenn es aber stirbt, bringt es reiche Frucht. Wer sein Leben liebt, verliert es; wer aber sein Leben in dieser Welt gering achtet, wird es bewahren bis ins

ewige Leben. Wenn einer mir dienen will, folge er mir nach; und wo ich bin, dort wird auch mein Diener sein. Wenn einer mir dient, wird der Vater ihn ehren. Jetzt ist meine Seele erschüttert. Was soll ich sagen: Vater, rette mich aus dieser Stunde? Aber deshalb bin ich in diese Stunde gekommen. Vater, verherrliche deinen Namen! Da kam eine Stimme vom Himmel: Ich habe ihn schon verherrlicht und werde ihn wieder verherrlichen. Die Menge, die dabeistand und das hörte, sagte: Es hat gedonnert. Andere sagten: Ein Engel hat zu ihm geredet. Jesus antwortete und sagte: Nicht mir galt diese Stimme, sondern euch. Jetzt wird Gericht gehalten über diese Welt; jetzt wird der Herrscher dieser Welt hinausgeworfen werden. Und ich, wenn ich über die Erde erhöht bin, werde alle zu mir ziehen. Das sagte er, um anzudeuten, auf welche Weise er sterben werde.
(JOHANNESEVANGELIUM 12,20–33)

Das heutige Evangelium schließt mit einem Wort, das voll Hoffnung ist: »Und ich, wenn ich über die Erde erhöht bin, werde alle zu mir ziehen.« Jesus deutet damit an, »auf welche Weise er sterben werde«. Das heißt, er spricht vom Kreuz, das ihm bevorsteht, von seinem schrecklichen Tod. Wenn er da hängen wird, hilflos angenagelt zwischen Himmel und Erde, dann, in dieser völligen Ohnmacht, werde er alle an sich ziehen. Er sagt nicht: einige Menschen. Er spricht nicht von ein paar ganz Frommen. Er sagt schlicht und einfach: alle.

Dieses Wort hat mich schon oft getröstet. Es sagt doch, dass Jesus wirklich für alle Menschen da sein wollte, nicht nur für ein paar Auserwählte. Das heißt, dass Jesus keine Unterschiede macht. Weder die Religion noch die Hautfarbe, weder das Alter noch die Begabung, weder Mann noch Frau, weder Einheimischer noch Fremder, keiner dieser vielen Unterschiede ist für Jesus ein Grund, Menschen auszuschließen. Alle, das heißt wirklich alle, ausnahmslos.

Anlass für dieses Wort Jesu war ein ganz konkretes Ereignis. Jesus ist mit vielen Pilgern nach Jerusalem hinaufgezogen, denn das Osterfest war nahe, das jährliche Hauptfest der Juden, das auch zum wichtigsten Fest der Christen werden sollte. Unter den vielen tausenden Pilgern befanden sich nicht nur Juden, sondern auch Heiden, Menschen anderer Religionen, die irgendwie von der jüdischen Religion angezogen waren. Die Bibel nennt sie oft einfach »Griechen«, das heißt Nicht-Juden, Andersgläubige.

Einige von diesen andersgläubigen Pilgern wenden sich an einen der Begleiter Jesu mit der Bitte: »Wir möchten Jesus sehen.« Irgendetwas zog sie zu Jesus hin. War es einfach Neugierde? Wollten sie den wundertätigen Rabbi aus Galiläa kennenlernen, von dem damals so viel gesprochen wurde? Oder war es etwas mehr als nur Neugierde? Hatte das, was sie von Jesus gehört hatten, sie im Herzen berührt? Vielleicht war es schon etwas von dem, was Jesus dann ankündigte: Ich »werde alle zu mir ziehen«?

Die Nachricht, dass da auch Andersgläubige sind, die ihn sehen wollen, muss Jesus sehr bewegt haben. Er antwortet darauf mit einem einfachen Bild: Wenn das Weizenkorn nicht ausgesät, in die Erde versenkt wird, kann es nicht fruchtbar werden. Es muss sterben, um Leben zu spenden. Im Weizenkorn sieht Jesus seinen eigenen Weg. Er darf nicht am eigenen Leben hängen, er muss es loslassen und hergeben, damit es reiche Frucht bringt.

Das Leben loslassen heißt sterben. Das macht Angst. Es ist ganz menschlich, dass Jesus seine Angst zugibt. Er ist bis ins Innerste erschüttert. Er wünscht sich, dass Gott ihn vor dem schrecklichen Tod rettet, der ihm bevorsteht. Aber gleichzeitig weiß er, dass genau dieser schwere Weg der Sinn seines Lebens ist. So sagt er Ja zu dem, was auf ihn zukommt.

Wenn ich ein Kreuz sehe, kommt mir oft dieses Wort Jesu in den Sinn: Ich »werde alle zu mir ziehen«. Ich weiß, um das Kreuz gibt es viele Diskussionen. Manche wollen alle Kreuze aus der Öffentlichkeit entfernen. Für mich ist das Kreuz das große Zeichen, dass Jesus keinen Menschen ausschließt, dass er für alle offene Arme hat. Das ist die Botschaft vom Kreuz. Sie will allen ein Trost sein und eine Hilfe in schweren Stunden.

Wer ohne Sünde ist

Lesejahr C

> In jener Zeit ging Jesus zum Ölberg. Am frühen Morgen begab er sich wieder in den Tempel. Alles Volk kam zu ihm. Er setzte sich und lehrte es. Da brachten die Schriftgelehrten und die Pharisäer eine Frau, die beim Ehebruch ertappt

worden war. Sie stellten sie in die Mitte und sagten zu ihm: Meister, diese Frau wurde beim Ehebruch auf frischer Tat ertappt. Mose hat uns im Gesetz vorgeschrieben, solche Frauen zu steinigen. Was sagst du? Mit diesen Worten wollten sie ihn auf die Probe stellen, um einen Grund zu haben, ihn anzuklagen. Jesus aber bückte sich und schrieb mit dem Finger auf die Erde. Als sie hartnäckig weiterfragten, richtete er sich auf und sagte zu ihnen: Wer von euch ohne Sünde ist, werfe als Erster einen Stein auf sie. Und er bückte sich wieder und schrieb auf die Erde. Als sie das gehört hatten, ging einer nach dem anderen fort, zuerst die Ältesten. Jesus blieb allein zurück mit der Frau, die noch in der Mitte stand. Er richtete sich auf und sagte zu ihr: Frau, wo sind sie geblieben? Hat dich keiner verurteilt? Sie antwortete: Keiner, Herr. Da sagte Jesus zu ihr: Auch ich verurteile dich nicht. Geh und sündige von jetzt an nicht mehr!
(JOHANNESEVANGELIUM 8,1–11)

Es gehört zu den bekanntesten Worten Jesu und ist geradezu sprichwörtlich geworden: »Wer von euch

Zeit der liebenden Aufmerksamkeit

ohne Sünde ist, werfe als Erster einen Stein auf sie.« Hat Jesus damit die Sünde verharmlost? Macht er den Ehebruch zu einer belanglosen kleinen Verfehlung? Zu einem Kavaliersdelikt? Schaut er einfach weg? Wird der Seitensprung zur Selbstverständlichkeit? Genau das geschieht hier nicht!

Warum berührt diese Szene des Evangeliums so stark? Die Erzählung ist meisterhaft. Kein Wort zu viel. Lebendig und anschaulich. Sie trifft jeden persönlich, wenn wir sie nur ein wenig auf uns wirken lassen. Denn dieses Wort Jesu bringt jeden zum Nachdenken über das eigene Leben: »Wer von euch ohne Sünde ist ...«

So sind wir eingeladen, uns in der Vorstellung unter das Volk zu mischen, das sich da am frühen Morgen im Tempel in Jerusalem um Jesus geschart hat, um ihm zuzuhören. Mitten in das aufmerksame Schweigen der Leute bricht ein lauter Tumult herein. Eine Frau wird von einer Gruppe von Männern vor Jesus hingeschleppt: eine Ehebrecherin! Sie wurde auf frischer Tat ertappt. Empörung! Skandal! Eine Sünderin! Nach strengem damaligem Gesetz hat sie ein todeswürdiges Verbrechen begangen. Sie muss sterben. Sie gehört gesteinigt.

Was wird Jesus tun? Wie wird er sich verhalten? Sagt er: Tötet sie! – dann ist er unbarmherzig. Sagt er: Lasst sie laufen! – dann handelt er gegen das klare Gesetz, das Mose dem Volk Israel gebracht hat, das in der Bibel steht. Sie wollen ihm eine Falle stellen. Sie suchen einen Grund, ihn anzuklagen. Eigentlich wollen sie ihn töten, denn er ist ihnen ein Dorn im Auge. Der Anlass ist günstig. Die ertappte Ehebrecherin ist eine gute Gelegenheit, ihn selber als Gesetzesbrecher zu entlarven.

Es steht mir nicht zu, Jesus Noten zu geben. Aber hier bin ich versucht zu sagen: Jesus löst die Situation genial. Bis heute berührt uns die Art, wie er mit den Anklägern dieser Frau umgeht. Jesus stellt das alte Gesetz nicht in Frage. Sünde ist Sünde. Nichts wird verharmlost. Jesus erinnert nur jeden von uns daran, dass auch wir Sünder sind. Wer also die anderen wegen ihrer Sünden anklagt und verurteilt, soll sich zuerst die Frage stellen: Bin ich denn ohne Sünde?

Nachdem sie seine Antwort gehört hatten, »ging einer nach dem anderen fort, zuerst die Ältesten«. Da ich selber schon zu den Älteren gehöre, berührt mich dieses Wort besonders. Die Ehebrecherin dürfte wohl eine jüngere Frau gewesen sein. Wir Älteren urteilen oft vorschnell über die Jüngeren. Jesus hat das Gewissen der Älteren angesprochen: »Wer von euch ohne Sünde ist ...«

Am Schluss blieb Jesus »allein zurück mit der Frau«. Alle Ankläger sind weggegangen. Nur die Leute, die gekommen waren, um Jesus zu hören, sind noch da. Sie werden Zeugen von dem Gespräch Jesu mit dieser Frau: »Wo sind sie geblieben? Hat dich keiner verurteilt?« – »Keiner, Herr.« – »Auch ich verurteile dich nicht. Geh und sündige von jetzt an nicht mehr!« Wenn wir dieses Wort Jesu nur wirklich im Herzen aufnehmen könnten: »Ich verurteile dich nicht.« Mit diesem Wort kann ich neu anfangen. Es gibt Hoffnung und lässt aufatmen. Ich will es künftig besser machen.

Übrigens: Zum Ehebruch gehören doch zwei. Wo ist *er,* der Ehebrecher, geblieben? Ihr strengen Männer, warum habt ihr ihn laufen lassen? Warum verurteilt ihr nur die Frau? Habt ihr bei ihm weggeschaut? Ein Auge zugedrückt? Vielleicht weil er ein Mann ist – wie ihr?

Die Karwoche

Palmsonntag

Der Anfang vom guten Ende

Lesejahr A

Als sie sich Jerusalem näherten und nach Betfage am Ölberg kamen, schickte Jesus zwei Jünger aus und sagte zu ihnen: Geht in das Dorf, das vor euch liegt; dort werdet ihr eine Eselin angebunden finden und ein Fohlen bei ihr. Bindet sie los und bringt sie zu mir! Und wenn euch jemand zur Rede stellt, dann sagt: Der Herr braucht sie, er lässt sie aber bald zurückbringen. Das ist geschehen, damit sich erfüllte, was durch den Propheten gesagt worden ist: Sagt der Tochter Zion: Siehe, dein König kommt zu dir. Er ist sanftmütig und er reitet auf einer Eselin und auf einem Fohlen, dem Jungen eines Lasttiers. Die Jünger gingen und taten, wie Jesus ihnen aufgetragen hatte. Sie brachten die Eselin und das Fohlen, legten ihre Kleider auf sie und er setzte sich darauf. Viele Menschen

breiteten ihre Kleider auf dem Weg aus, andere schnitten Zweige von den Bäumen und streuten sie auf den Weg. Die Leute aber, die vor ihm hergingen und die ihm nachfolgten, riefen: Hosanna dem Sohn Davids! Gesegnet sei er, der kommt im Namen des Herrn. Hosanna in der Höhe! Als er in Jerusalem einzog, erbebte die ganze Stadt und man fragte: Wer ist dieser? Die Leute sagten: Das ist der Prophet Jesus von Nazaret in Galiläa.
(MATTHÄUSEVANGELIUM 21,1–11)

Mit dem heutigen Palmsonntag treten wir in die Karwoche ein. Sie ist der Höhepunkt des Kirchenjahres. Denn Ostern ist das höchste Fest der Christenheit: die jährliche Feier des Leidens, Sterbens und der Auferstehung Jesu, die mit dem Palmsonntag beginnt und mit dem Ostersonntag endet. Heute werden die Palmzweige gesegnet. Dabei wird das Evangelium vom Einzug Jesu in Jerusalem verkündet. Wie damals die Schar, die Jesus begleitet hat, mit ihm vom Ölberg herunter in die Stadt eingezogen ist, so ziehen wir gemeinsam in die Kirche ein, um dort die Palmsonntagsmesse zu feiern.

Palmsonntag

Was für ein Gegensatz: Jesus kommt nach Jerusalem nicht mit Panzern und schweren Waffen. Er will Jerusalem gewinnen, nicht erobern. Er will es befreien, aber nicht mit Gewalt. Sein Einzug in die Stadt ist keine blutige Schlacht mit vielen Todesopfern. Es gibt nur einen Toten, und der ist er selber. Denn er kommt nicht, um als politischer Machthaber, als militärischer Sieger zu herrschen, sondern um sein Leben zu geben für Jerusalem, für sein Volk und für alle Menschen.

Was hat der Palmsonntag in einer Welt voller Gewalt und Terror zu sagen? Jedes Jahr wird dieser Tag mit der Segnung der Palmzweige oder der »Palmkatzerln« begangen. Beliebt ist die Palmprozession. Sie ist kein Protestmarsch, keine lautstarke Demonstration. Sie zeigt, wie Jesus auch heute unter uns ankommen will. Jesus borgt sich ein Reittier aus, um in Jerusalem einzuziehen. Kein Pferd, das an die kriegerische Reiterei erinnern würde, sondern eine Eselin mit ihrem Fohlen. Alle verstehen dieses Zeichen. Denn in der Bibel steht, der verheißene Friedenskönig werde nicht hoch zu Ross kommen, sondern »demütig ist er und reitet auf einem Esel«.

Jesu Bescheidenheit löst Begeisterung aus. Wie anders ist sein Verhalten als das der römischen Besatzung oder der Großen des Landes. Viele spüren, dass Jesus ein anderer König ist als die Herrscher, die sie sonst erleben. Sie rufen Jesus ihr »Hosanna« zu. Es ist eigentlich ein Bittruf, denn es heißt wörtlich »Hilf doch!« Im Mund der Jesus zujubelnden Menge bekommt es einen hoffnungsvollen Ton: »Hosanna dem Sohn Davids!« Jesus bringt Hilfe! Jesus, der Nachkomme des großen Königs David, wird Frieden bringen. Er kommt von Gott gesandt. Er ist die Hilfe, die aus der Höhe kommt, von Gott selber: »Hosanna in der Höhe!«

Heute wird nach der Palmprozession in der Kirche die Leidensgeschichte Jesu gelesen oder gesungen. Wie geht das zusammen mit der freudigen Stimmung des Palmsonntags? Weil Jesus genau dafür nach Jerusalem gekommen ist. Er wusste, was auf ihn wartete, und er wollte es als das Ziel seines Auftrags, den Sinn seines Lebens. Die Menge, die ihn begeistert in die Stadt hineinbegleitete, wusste es nicht. Sie wünschte sich einen starken Friedenskönig und sicher nicht einen verspotteten Gekreuzigten. Wir, die wir heute den Palmsonntag feiern, wissen, wie die Sache ausgegangen ist. Wir wissen, dass in wenigen Tagen auf das laute »Hosanna« das noch lautere »Kreuzige ihn« folgen wird. Aber wir wissen auch, dass am Ende dieser Woche der Ostermorgen stehen wird: Jesu Sieg über den Tod, seine Auferstehung!

Heute beginnt die große Woche, die mit Ostern endet. Wie sehr wünschen wir den schrecklich leidenden Menschen an den Kriegsschauplätzen in aller Welt, dass auch für sie der Leidensweg bald mit einem frohen Ostern endet.

Damals und heute

Lesejahr B

Es war einige Tage vor dem Osterfest. Als sie in die Nähe von Jerusalem kamen, nach Betfage und Betanien am Ölberg, schickte er zwei seiner Jünger aus. Er sagte zu ihnen: Geht in das Dorf, das vor euch liegt; gleich wenn ihr hineinkommt, werdet ihr ein Fohlen angebunden finden, auf dem noch nie ein Mensch gesessen hat. Bindet es los und bringt es her! Und wenn jemand zu euch sagt: Was tut ihr da?, dann antwortet: Der Herr braucht es; er lässt es bald

wieder zurückbringen. Da machten sie sich auf den Weg und fanden außen an einer Tür an der Straße ein Fohlen angebunden und sie banden es los. Einige, die dabeistanden, sagten zu ihnen: Wie kommt ihr dazu, das Fohlen loszubinden? Sie gaben ihnen zur Antwort, was Jesus gesagt hatte, und man ließ sie gewähren. Sie brachten das Fohlen zu Jesus, legten ihre Kleider auf das Tier und er setzte sich darauf. Und viele breiteten ihre Kleider auf den Weg aus, andere aber Büschel, die sie von den Feldern abgerissen hatten. Die Leute, die vor ihm hergingen und die ihm nachfolgten, riefen: Hosanna! Gesegnet sei er, der kommt im Namen des Herrn! Gesegnet sei das Reich unseres Vaters David, das nun kommt. Hosanna in der Höhe!
(MARKUSEVANGELIUM 11,1–10)

Viele Leute gingen vor Jesus oder folgten ihm, als er auf einem jungen Esel reitend inmitten dieser Schar in die Stadt einzog. Sie riefen begeistert: »Hosanna! Gesegnet sei er, der kommt im Namen des Herrn.« Es waren damals viele Tausende andere Menschen in Jerusalem, Einwohner und große Scharen von Pilgern zum Osterfest. Sie werden wohl etwas verwundert geschaut haben, als sie diese Leute um den auf seinem Reittier Sitzenden sahen, dem sie zujubelten. In der großen Masse der Pilger war es doch eine eher kleine Gruppe, die da begeistert Jesus umringte. Viele werden sich wohl gefragt haben, was da los ist.

Jedes Jahr bewegt mich eine ähnliche Frage. Wir singen und beten da gemeinsam bei der Segnung der Palmzweige, Kinder und Eltern, Ältere und Jüngere. Ich sehe aber auch die vielen Passanten, Einheimische und Touristen, die zufällig vorbeikommen und die Zeremonie der Palmweihe erleben. Manche bleiben stehen, neugierig geworden, andere schauen flüchtig her und eilen weiter. Was denken sie sich? Was dachten sich damals die Passanten, die zufällig den Einzug Jesu erlebten?

Damals und heute! Das ist jedes Jahr für mich – und ich denke auch für viele Mitfeiernde – ein starker Eindruck. In der Karwoche erinnern wir uns an all das, was damals geschehen ist, angefangen mit dem freudigen Einzug in Jerusalem bis hin zur dunkelsten Stunde der Kreuzigung und schließlich zur Freude des Ostermorgens, zum leeren Grab und der Auferstehung Jesu. All das ist damals gewesen, aber es ist nicht einfach vergangen. Wir feiern es heute.

Zeit der liebenden Aufmerksamkeit

Es ist gegenwärtig, lebendig, es geschieht jetzt. Denn Jesus gehört nicht nur der Vergangenheit. Er lebt und ist da, mitten unter uns Menschen, heute wie damals.

Nie erlebe ich das so deutlich wie in dieser Woche, der Karwoche. Vergangenheit und Gegenwart gehen ineinander über. Ganz anschaulich wird uns durch die Berichte der Evangelien vor Augen gestellt, was damals in Jerusalem geschah. Aber gleichzeitig ahnen und spüren wir, dass dasselbe heute geschieht. Auch heute geht Christus seinen Leidensweg. Seinen Kreuzweg lebt er in den vielen, die heute ihr Kreuz zu tragen haben. In den Verachteten, Verspotteten, den Gefolterten und Gegeißelten ist der leidende Christus gegenwärtig.

Die Karwoche ist eine große Schule des Mitgefühls. Angesichts des vielen Leides dieser Welt sind wir in Gefahr, unsere Herzen zu verhärten. Die Feier der Karwoche soll nicht nur eine schöne Zeremonie sein. Sie will das Leben verändern, die Herzen für die Notleidenden öffnen. Und sie will Hoffnung geben, dass nach allem Leid die Osterfreude kommt, damals wie heute.

Palmsonntag

Am Ende steht die Auferstehung

Lesejahr C

In jener Zeit ging Jesus nach Jerusalem hinauf. Und es geschah: Er kam in die Nähe von Betfage und Betanien, an den Berg, der Ölberg heißt, da schickte er zwei seiner Jünger aus und sagte: Geht in das Dorf, das vor uns liegt! Wenn ihr hineinkommt, werdet ihr dort ein Fohlen angebunden finden, auf dem noch nie ein Mensch gesessen hat. Bindet es los und bringt es her! Und wenn euch jemand fragt: Warum bindet ihr es los?, dann antwortet: Der Herr braucht es. Die Ausgesandten machten sich auf den Weg und fanden alles so, wie er es ihnen gesagt hatte. Als sie das Fohlen losbanden, sagten die Leute, denen es gehörte: Warum bindet ihr das Fohlen los? Sie antworteten: Weil der Herr es braucht. Dann führten sie es zu Jesus, legten ihre Kleider auf das Fohlen und halfen Jesus hinauf. Während er dahinritt, breiteten die Jünger ihre Kleider auf dem Weg aus. Als er sich schon dem Abhang des Ölbergs näherte, begann die Schar der Jünger freudig und mit

lauter Stimme Gott zu loben wegen all der Machttaten, die sie gesehen hatten. Sie riefen: Gesegnet sei der König, der kommt im Namen des Herrn. Im Himmel Friede und Ehre in der Höhe! Da riefen ihm einige Pharisäer aus der Menge zu: Meister, weise deine Jünger zurecht! Er erwiderte: Ich sage euch: Wenn sie schweigen, werden die Steine schreien.
(LUKASEVANGELIUM 19,28–40)

Am Anfang und am Ende der Karwoche stehen Freude und Begeisterung. Dazwischen aber liegen die schmerzlichen Tage des Leidens Jesu: Er wird verraten, gefangengenommen, zum Tod verurteilt, stirbt qualvoll am Kreuz und wird begraben.

Von alldem ist heute noch nichts zu spüren. Begeistert wird Jesus in Jerusalem begrüßt. Eine große Menschenmenge jubelt ihm zu. Was erwarten die Leute von ihm?

Das wird erst aus dem Zusammenhang verständlich. Jesus pilgert, wie jedes Jahr, zum jüdischen Osterfest nach Jerusalem hinauf. Bis zu 100.000 Pilger kommen aus allen jüdischen Gemeinden in die heilige Stadt, um dort Pessach, Ostern, zu feiern, das gro-

Palmsonntag

ße Fest der Befreiung der Juden aus der Sklaverei Ägyptens.

Mit diesem Fest ist immer auch die Hoffnung auf eine neue, endgültige Befreiung verbunden: Alle erwarten, dass einmal zu Ostern in Jerusalem der Messias sich zeigen und aller Unfreiheit ein Ende bereiten werde. Viele blicken mit dieser Hoffnung auf den Mann aus Nazaret, auf Jesus. Hat er nicht schon viele Wunder gewirkt? Ist er der verheißene Befreier? Hochgespannte Erwartung begleitet sein Kommen nach Jerusalem.

Jesus selber scheint diese Erwartung durch eine einfache Geste anzuheizen: Er lässt sich einen Esel bringen und setzt sich darauf, um auf diesem bescheidenen Reittier in Jerusalem einzuziehen. Seine Begleiter verstehen sofort, denn bei den Propheten ist angekündigt, der Messias werde demütig auf einem Esel, und nicht stolz hoch zu Ross, daherkommen: »Siehe, dein König kommt zu dir ... demütig ist er und reitet auf einem Esel, dem Jungen einer Eselin.« Daher rufen ihm seine begeisterten Jünger zu, als Jerusalem in Sicht ist: »Gesegnet sei der König, der kommt im Namen des Herrn.«

Jesus wollte offensichtlich ein Zeichen geben, dass er wirklich der erwartete Messias ist. »Ja, ich bin ein König!« – wird er in wenigen Tagen zu Pilatus sagen. »Aber mein Reich ist nicht von dieser Welt«, stellt er dem Vertreter des Kaisers gegenüber klar. Auch seine eigenen Anhänger werden das mit bitterer Enttäuschung erkennen müssen. Jesus zieht nicht als Eroberer in Jerusalem ein. Er will ein anderes Reich, das nicht auf der Gewalt der Waffen aufbaut, sondern auf der Macht der Liebe, der Gerechtigkeit und des Dienens. Das ist aber vielen zu wenig. Bald wird die Begeisterung in Wut umschlagen. Am Karfreitag wird die Menge lautstark fordern: »Ans Kreuz mit ihm!«

Heute wird in allen Kirchen die Leidensgeschichte Jesu vorgelesen. Es tut gut, in diesen Tagen Jesus Schritt für Schritt zu begleiten. Denn was Jesus in dieser Woche durchlebt hat, kommt in der einen oder anderen Form in jedem Leben vor: Zeiten der Begeisterung, der Anerkennung, des Lobes; Momente voller Hoffnung und Erwartung. Dann aber Zeiten des Misserfolges, wo alle sich abwenden; Zeiten des Leides, der Schmerzen, der Verachtung. Es tut gut zu wissen, dass am Ende des Weges die Auferstehung steht, nicht nur für Jesus, auch für uns.

Gründonnerstag

Fußwaschung heute

Es war vor dem Paschafest. Jesus wusste, dass seine Stunde gekommen war, um aus dieser Welt zum Vater hinüberzugehen. Da er die Seinen liebte, die in der Welt waren, liebte er sie bis zur Vollendung. Es fand ein Mahl statt und der Teufel hatte Judas, dem Sohn des Simon Iskariot, schon ins Herz gegeben, ihn auszuliefern. Jesus, der wusste, dass ihm der Vater alles in die Hand gegeben hatte und dass er von Gott gekommen war und zu Gott zurückkehrte, stand vom Mahl auf, legte sein Gewand ab und umgürtete sich mit einem Leinentuch. Dann goss er Wasser in eine Schüssel und begann, den Jüngern die Füße zu waschen und mit dem Leinentuch abzutrocknen, mit dem er umgürtet war. Als er zu Simon Petrus kam, sagte dieser zu ihm: Du, Herr, willst mir die Füße waschen? Jesus sagte zu ihm: Was ich tue, verstehst du jetzt noch nicht; doch später wirst du es begreifen. Petrus entgegnete ihm: Niemals sollst du mir die Füße waschen! Jesus erwiderte ihm: Wenn ich dich nicht wasche, hast du keinen Anteil an mir. Da sagte Simon Petrus zu ihm: Herr, dann nicht nur meine Füße, sondern auch die Hände und das Haupt. Jesus sagte zu ihm: Wer vom Bad kommt, ist ganz rein und braucht sich nur noch die Füße zu waschen. Auch ihr seid rein, aber nicht alle. Er wusste nämlich, wer ihn ausliefern würde; darum sagte er: Ihr seid nicht alle rein. Als er ihnen die Füße gewaschen, sein Gewand wieder angelegt und Platz genommen hatte, sagte er zu ihnen: Begreift ihr, was ich an euch getan habe? Ihr sagt zu mir Meister und Herr und ihr nennt mich mit Recht so; denn ich bin es. Wenn nun ich, der Herr und Meister, euch die Füße gewaschen habe, dann müsst auch ihr einander die Füße waschen. Ich habe euch ein Beispiel gegeben, damit auch ihr so handelt, wie ich an euch gehandelt habe.

(JOHANNESEVANGELIUM 13,1–15)

Gründonnerstag

Es ist auffällig, dass im Johannesevangelium kein Bericht über das Abendmahl steht. Matthäus, Markus, Lukas und der Apostel Paulus berichten über die Einsetzung der Eucharistie, über das Letzte Abendmahl. Heute hat uns der Herr dieses Geschenk gemacht. Johannes schreibt nur, dass ein Mahl gehalten wurde. Vor allem erzählt er über die Fußwaschung. Das ist für uns eine wichtige Lehre, wenn wir uns fragen: Was bedeutet es eigentlich, zur Kommunion zu gehen, heute, an dem Tag, als Jesus zum ersten Mal mit seinen Jüngern das Abendmahl, die Eucharistie gefeiert und eingesetzt hat? Was hat uns die Fußwaschung über den Sinn der Eucharistie zu sagen, den Sinn der Kommunion? Offensichtlich wollte der Apostel Johannes, der Lieblingsjünger, sagen: Jesus hat uns ein Vorbild gegeben, ein Beispiel, damit wir auch so handeln.

Jesus hat beim letzten Mahl getan, was sonst nur die Sklaven tun. Sklaven gibt es auch heute wieder. Viele Flüchtlinge aus Afrika werden heute in Libyen als Sklaven verkauft, ausgenutzt, ausgebeutet und getötet. Jesus hat Sklavengestalt angenommen, so sagt es uns der heilige Paulus. Heute hat er den Dienst des Sklaven getan. Füße waschen, das machte kein Bürger damals im Orient, wo es keine Duschen und

Badewannen gab, sondern nur staubige Straßen. Das war der erste Dienst des Sklaven, den Gästen die Füße zu waschen. Doch zum Entsetzen der Jünger macht Jesus das selber. Zuvor schreibt Johannes noch: »Jesus ... wusste, dass ihm der Vater alles in die Hand gegeben hatte.« Das heißt, dass er wirklich der Herr ist und dass er von Gott gekommen war und zu Gott zurückkehrt. Er, der der Herr ist, zieht sein Obergewand aus, umgürtet sich und beginnt seinen Jüngern die Füße zu waschen, tut also Sklavendienst. Damit hat er gesagt, warum er gekommen ist, nicht zu herrschen, sondern um zu dienen. Jesus »ist nicht gekommen, um sich dienen zu lassen, sondern um zu dienen und mein Leben hinzugeben als Lösegeld für viele«.

Heute hören wir Nachrichten nicht nur von diesen Sklaven, den vielen armen Flüchtlingen aus Afrika, die vor dem Hunger fliehen und dann in Sklaverei geraten, sondern auch von vielen Hundert, die im Mittelmeer ertrunken sind. Wissen wir, dass auch hier mitten in Europa Sklavenhandel betrieben wird? Es gibt hier Menschenhandel, Frauen, die zur Prostitution gezwungen werden, die man anlockt mit Versprechungen, um sie dann wie Sklavinnen zu halten. Das geschieht bei uns.

Gründonnerstag

Was heißt das, wenn wir Eucharistie feiern? Jesus sagt: »Ich habe euch ein Beispiel gegeben, damit auch ihr so handelt, wie ich an euch gehandelt habe.« Das heißt, wenn wir einander nicht dienen, uns herunterbeugen, wie Jesus sich vor seinen Jüngern zu Boden gebeugt hat, wenn wir einander hochmütig begegnen, einander verachten, wie wollen wir dann zum Tisch des Herrn gehen? Wie wollen wir dann die Eucharistie empfangen? Der heilige Paulus hat uns darauf hingewiesen: »Jeder soll sich selbst prüfen; erst dann soll er von dem Brot essen und aus dem Kelch trinken. Denn wer davon isst und trinkt, ohne den Leib zu unterscheiden, der zieht sich das Gericht zu.« Es wird heute viel darüber diskutiert, ob wiederverheiratete Geschiedene zur Kommunion gehen dürfen oder nicht. Aber ist das wirklich die einzige Frage? Hat nicht der Apostel Paulus zur Gemeinde von Korinth gesagt: Wie geht es unter euch zu? Die Wohlhabenden werden satt und essen und trinken, oft zu viel, und die Armen unter euch hungern. Das nennt ihr den Leib des Herrn empfangen? Seht zu, dass ihr euch nicht das Gericht esst!

Wenn Johannes uns nicht vom Abendmahl berichtet, aber von der Fußwaschung, dann will er uns damit sagen, in welcher Haltung wir zum Altar treten, wenn wir die Kommunion empfangen. Papst Franziskus hat betont: »Wenn die, die zur Kommunion gehen, sich dagegen sträuben, sich für einen Einsatz für die Armen und Leidenden anregen zu lassen oder verschiedene Formen von Trennung, Verachtung oder Ungerechtigkeit gutheißen, werden sie die Kommunion unwürdig empfangen.« Unwürdig empfangen wir die Kommunion, wenn wir nicht einander dienen. Wenn wir nicht untereinander Brüderlichkeit, Geschwisterlichkeit leben, dann verspotten wir den Leib des Herrn.

Es ist kein Unterschied zwischen dem Leib des Herrn, den wir in der Kommunion empfangen, und dem Leib des Herrn, dem wir im Armen begegnen. »Ich war nackt und du hast mich bekleidet«, sagt Jesus. Wir begegnen Jesus, wenn wir ihm in den Armen beistehen und wenn wir ihn in der Kommunion empfangen. Beides ist untrennbar. Wenn wir es trennen, dann versündigen wir uns am Leib des Herrn. Was wir äußerlich vollziehen, das muss sich in unserem Leben bewähren. Wenn wir heute den Leib des Herrn empfangen, dann bitten wir Ihn auch: Gib uns Anteil an deiner Haltung, damit wir wirklich ein Leib und ein Geist werden mit dir, Jesus, unser Herr!

Karfreitag

Jesus selbst trug das Kreuz und ging hinaus zur sogenannten Schädelstätte, die auf Hebräisch Golgota heißt. Dort kreuzigten sie ihn und mit ihm zwei andere, auf jeder Seite einen, in der Mitte aber Jesus. Pilatus ließ auch eine Tafel anfertigen und oben am Kreuz befestigen; die Inschrift lautete: Jesus von Nazaret, der König der Juden. Diese Tafel lasen viele Juden, weil der Platz, wo Jesus gekreuzigt wurde, nahe bei der Stadt lag. Die Inschrift war hebräisch, lateinisch und griechisch abgefasst. Da sagten die Hohepriester der Juden zu Pilatus: Schreib nicht: Der König der Juden, sondern dass er gesagt hat: Ich bin der König der Juden. Pilatus antwortete: Was ich geschrieben habe, habe ich geschrieben. Nachdem die Soldaten Jesus gekreuzigt hatten, nahmen sie seine Kleider und machten vier Teile daraus, für jeden Soldaten einen Teil, und dazu das Untergewand. Das Untergewand war aber ohne Naht von oben ganz durchgewoben. Da sagten sie zueinander: Wir wollen es nicht zerteilen, sondern darum losen, wem es gehören soll. So sollte sich das Schriftwort erfüllen: Sie verteilten meine Kleider unter sich und warfen das Los um mein Gewand. Dies taten die Soldaten. Bei dem Kreuz Jesu standen seine Mutter und die Schwester seiner Mutter, Maria, die Frau des Klopas, und Maria von Magdala. Als Jesus die Mutter sah und bei ihr den Jünger, den er liebte, sagte er zur Mutter: Frau, siehe, dein Sohn! Dann sagte er zu dem Jünger: Siehe, deine Mutter! Und von jener Stunde an nahm sie der Jünger zu sich. Danach, da Jesus wusste, dass nun alles vollbracht war, sagte er, damit sich die Schrift erfüllte: Mich dürstet. Ein Gefäß voll Essig stand da. Sie steckten einen Schwamm voll Essig auf einen Ysopzweig und hielten ihn an seinen Mund. Als Jesus von dem Essig genommen hatte, sprach er: Es ist vollbracht! Und er neigte das Haupt und übergab den Geist.

(JOHANNESEVANGELIUM 19,17–30)

Seht, welch ein Mensch!

Mitgefühl gehört zum Menschen. Wer nicht zu Mitgefühl fähig ist, dem fehlt etwas Wesentliches. Hatten die römischen Soldaten kein Mitgefühl mit diesem Juden aus Galiläa, der unter den Hieben ihrer grausamen Geißeln zusammenzuckte? Sie trieben ihren Spott mit ihm. Denn es hieß, er sei der König der Juden, oder er behaupte, es zu sein. Sie »krönen« ihn mit einem Kranz aus spitzen Dornen. Sie hüllen seinen blutig geschlagenen Leib in einen purpurfarbenen Mantel, wie es sich für einen König gehört. Die Zeichen der Verehrung, die sie ihm erweisen, sind Schläge ins Gesicht. Wo bleibt das Mitgefühl?

Hatte Pilatus, der römische Statthalter, mehr Mitgefühl als seine Soldaten? »Seht, ich bringe ihn zu euch heraus; ihr sollt wissen, dass ich keine Schuld an ihm finde.« So steht jetzt Jesus vor der Menge. »Er trug die Dornenkrone und den purpurroten Mantel.« Und Pilatus sagt, wohl in seiner lateinischen Muttersprache, zu den Leuten: »Ecce Homo!« – »Seht, der Mensch!«

Diesen Moment haben immer wieder Künstler festzuhalten versucht. Eines der eindrucksvollsten

»Ecce Homo«-Bilder befindet sich in Krakau. Es stammt von Adam Chmielowski (1845–1916), der es 1881 schuf. Der Blick auf den gedemütigten, verspotteten und blutenden Jesus hat in ihm das Mitgefühl mit den Armen und Notleidenden geweckt. In ihnen begann er Jesus zu sehen. Er gab seine erfolgreiche Künstlerkarriere auf und wurde Ordensmann. Fortan nannte er sich Bruder Albert. Die Gemeinschaft, die er gründete, die »Diener der Armen«, kümmert sich bis heute um Obdachlose und Menschen am Rand der Gesellschaft. Papst Johannes Paul II. sprach Bruder Albert 1989 heilig.

Pilatus wollte Jesus freilassen. Die Begegnung mit dem Mann aus Nazaret muss ihn wirklich berührt haben. Aber der Druck derer, die Jesu Tod verlangten, wurde immer größer. Schließlich hat Pilatus nachgegeben. Der Evangelist Matthäus berichtet, Pilatus habe in diesem Moment Wasser bringen lassen und sich vor allen Leuten die Hände gewaschen und gesagt: »Ich bin unschuldig am Blut dieses Menschen.« Und damit übergab er ihnen Jesus zur Kreuzigung.

Vor dem »Ecce Homo« des heiligen Bruder Albert von Krakau stellt sich dem Betrachter die Frage: Bewegt mich Jesus zum Mitgefühl? Oder wasche ich meine Hände »in Unschuld«, als ginge das Leid des anderen mich nichts an? »Seht, welch ein Mensch!« Wie sehr bin ich selber Mensch?

Nicht wegschauen

Der russische Schriftsteller Michail Bulgakow (1881–1940) wurde vor allem durch seinen Roman »Der Meister und Margarita« bekannt. Manche halten dieses Buch für den besten russischen Roman des 20. Jahrhunderts. Mir ist vor allem eine Szene stark in Erinnerung geblieben. Darin kommt etwas vor, an das ich selber nie gedacht hatte und das ich seither immer vor Augen habe, wenn ich an die Kreuzigung Jesu denke: die Fliegen. Bulgakow schildert die Fliegenplage des Gekreuzigten. Schweiß und Blut auf seinem Gesicht ziehen Schwärme von Fliegen an. Wehrlos ist der Gekreuzigte ihnen ausgeliefert.

Der Bericht des Evangeliums schildert keine solchen Einzelheiten. Er ist nüchtern und knapp: »Dort kreuzigten sie Jesus und mit ihm zwei andere.« Kein Wort über die Grausamkeit dieses Geschehens. Alle wussten damals, was kreuzigen heißt. Für viele ein allzu gewohnter Anblick.

Wer großem Leid begegnet, kann hinschauen oder wegschauen, kann weitergehen oder stehen bleiben. Aber nicht jeder, der hinschaut und stehen bleibt, hat auch Mitgefühl mit dem Leidenden. Viele blieben damals stehen und lasen das Schild, das oben am Kreuz angebracht war. Da stand üblicherweise der Grund für die Kreuzigung, das Verbrechen, wofür die Todesstrafe verhängt worden war. Bei Jesus stand gleich in drei Sprachen: »Jesus von Nazaret, der König der Juden«. Das klang wie ein Hohn, wie Spott, und war doch auch Ausdruck einer Ahnung, die Pilatus wohl spürte.

Man kann großem Leid auch mit sachlichem Abstand begegnen. So ging es wahrscheinlich den Soldaten, die Jesus und die beiden anderen gekreuzigt hatten. Sie haben ihre Pflicht getan.

Mitten in der Menschenmenge, die an der Richtstätte, am Golgota-Hügel, vorbeigeht, sind einige, die da stehen, um wirklich bei den Gekreuzigten zu sein. Aus den traditionellen Bildern sind wir gewohnt, vor allem drei Personen bei dem Kreuz Jesu stehen zu sehen: Maria, seine Mutter, Johannes, der Lieblingsjünger Jesu, und Maria von Magdala. Es

Karfreitag

waren aber mehr als diese drei Personen. Es ist die Rede von der Schwester seiner Mutter, also der Tante Jesu, von der Frau des Klopas, die auch Maria hieß. Klopas dürfte der Bruder des Josef gewesen sein. So war diese Maria auch eine Tante Jesu. Ich finde es sehr tröstlich, dass in dieser schrecklichen Stunde besonders ganz nahe Verwandte bei Jesus waren. Sie haben ihn nicht alleingelassen. Und Jesus denkt trotz der unsäglichen Situation nicht an sich, sondern an seine Mutter. Er vertraut sie dem an, den er besonders geliebt hat, dem Johannes.

Er, der das alles aufgeschrieben hat, ist sehr sparsam mit Gefühlsausdrücken. Johannes sagt nur, dass er von dieser Stunde an Maria, die Mutter Jesu, zu sich nahm. Er war von jetzt an bis zu ihrem Lebensende für sie da. Und sie war ihm nahe wie eine Mutter. Wie viel leichter ist das Leben in Zeiten großen Leides, wenn wir nicht wegschauen, sondern aufeinander schauen, füreinander da sind, zueinander stehen.

Kreuzigung, heute noch

Es wird wieder gekreuzigt. Im 21. Jahrhundert. Wie damals. Wer hätte das für möglich gehalten? Djihadisten stellen die Bilder ins Netz. Sogar Videos. Menschen sterben am Kreuz. Andere schauen zu. Wird ihnen nicht schlecht dabei? Wie halten sie diesen Anblick aus? Wo bleibt das Mitgefühl? Warum kommen Menschen in Massen zu den Enthauptungen in Saudi-Arabien, in China, um nur zwei Länder zu nennen, die nach wie vor die Todesstrafe praktizieren? Ganz zu schweigen von den USA, die trotz der eindringlichen Worte von Papst Franziskus noch immer in einigen Bundesstaaten die Todesstrafe beibehalten haben.

Auch damals, als vor den Toren von Jerusalem, auf der Richtstätte, drei Menschen gleichzeitig gekreuzigt wurden, gab es eine neugierige Menschenmenge, die sich dieses Schauspiel nicht entgehen lassen wollte. Vor allem der mittlere Gekreuzigte zog das Interesse vieler an. Das Schild über seinem Kopf, mit Namen und Grund des Todesurteils: »Jesus von Nazaret, der König der Juden«, ist gleich in drei Sprachen abgefasst, damit alle erfahren, um wen es sich da handelt: hebräisch, lateinisch, griechisch.

Karfreitag

Der Bericht des Evangelisten Johannes könnte nicht nüchterner sein. Kein Wort über die Gefühle. Fakten werden aufgezählt, als handelte es sich um ein Stück solider Alltagsarbeit. Einige tun das Handwerkliche: Sie kreuzigen ihn. Hämmern, nageln, Balken befestigen, Standfestigkeit sichern. Sie tun das ja nicht zum ersten Mal. Und dann muss ja auch noch das Gewand des Verurteilten entsorgt werden: Stoff war teuer. Also verteilen sie, was an Kleidungsstücken da war. Der Gekreuzigte wird sie nicht mehr brauchen, auch nicht den in einem Stück gewobenen Leibrock, den sie untereinander verlosen.

Ohne ein einziges Wort über die Schmerzen, das unsägliche Leid zu verlieren, berichtet Johannes von den Frauen, die beim Kreuz standen, vor allem seine Mutter. Die knappen, fast dürren Worte dieses Berichts erlauben es, sich umso mehr hineinzudenken, hineinzufühlen, wie es einer Mutter geht, die mitansehen muss, wie ihr eigener Sohn am Kreuz hängt und allmählich stirbt.

Und genau da sind wir am entscheidenden Punkt. Hier scheiden sich die Geister. Wie sehen wir Bilder, die uns heute unweigerlich erreichen: Bilder von heutigen Kreuzigungen, von Flüchtlingsnot, von Kriegsgräuel, von Bombenattentaten? Wie leben wir mit solchen schlimmen Bildern? Alles sieht anders aus, wenn es sich um das eigene Kind, den eigenen Mann, die eigene Familie handelt. Jesus hat wohl mit letzter Kraft seinem engen Vertrauten Johannes die Sorge um seine Mutter anvertraut und der eigenen Mutter Maria die Sorge um Johannes, wie um ihren eigenen Sohn.

Alle diese schrecklichen Bilder sehen anders aus, wenn wir auf ihnen plötzlich die eigene Mutter, das eigene Kind sehen würden. Dann sind es nicht mehr irgendwelche Bilder von irgendeiner der zahllosen Nöte unserer Welt. Dann treffen sie uns persönlich ins Herz.

Heute wird in der Feier des Karfreitags das Kreuz langsam enthüllt. Jesus wird sichtbar, angenagelt, leidend, sterbend. Heute wird immer noch – oder wieder – gekreuzigt. Und immer noch müssen Mütter sehen, was ihrem Kind angetan wird. Am heutigen Tag ist es an der Zeit, über so viel Schmerz mitzutrauern.

Die Osterzeit

Ostersonntag

Er ist nicht hier

Lesejahr A

Nach dem Sabbat, beim Anbruch des ersten Tages der Woche, kamen Maria aus Magdala und die andere Maria, um nach dem Grab zu sehen. Und siehe, es geschah ein gewaltiges Erdbeben; denn ein Engel des Herrn kam vom Himmel herab, trat an das Grab, wälzte den Stein weg und setzte sich darauf. Sein Aussehen war wie ein Blitz und sein Gewand weiß wie Schnee. Aus Furcht vor ihm erbebten die Wächter und waren wie tot. Der Engel aber sagte zu den Frauen: Fürchtet euch nicht! Ich weiß, ihr sucht Jesus, den Gekreuzigten. Er ist nicht hier; denn er ist auferstanden, wie er gesagt hat. Kommt her und seht euch den Ort an, wo er lag! Dann geht schnell zu seinen Jüngern und sagt ihnen: Er ist von den Toten auferstanden und siehe, er geht euch voraus nach Galiläa, dort werdet ihr

ihn sehen. Siehe, ich habe es euch gesagt. Sogleich verließen sie das Grab voll Furcht und großer Freude und sie eilten zu seinen Jüngern, um ihnen die Botschaft zu verkünden. Und siehe, Jesus kam ihnen entgegen und sagte: Seid gegrüßt! Sie gingen auf ihn zu, warfen sich vor ihm nieder und umfassten seine Füße. Da sagte Jesus zu ihnen: Fürchtet euch nicht! Geht und sagt meinen Brüdern, sie sollen nach Galiläa gehen und dort werden sie mich sehen.
(Matthäusevangelium 28,1–10)

Der Ostermorgen beginnt wie für viele Trauernde mit einem Besuch beim Grab. Erst vorgestern war Jesus gestorben. Sein Tod muss eine Qual gewesen sein. Wie können Menschen so grausam sein, andere Menschen auf diese unvorstellbar schreckliche Weise zu töten?

Ohnmächtig mussten die Frauen, die Jesus treu begleitet hatten, zusehen, wie er, am Kreuz angenagelt, allmählich starb. Es muss wie eine Erlösung gewesen sein, als endlich der Tod seinem Leiden ein Ende machte. Sie hatten ihn dann gleich beigesetzt in einem nahen Grab.

Ostersonntag

Wie einen Verbrecher hatte man ihn durch Kreuzigung getötet. Wie einen Gefangenen bewachten jetzt Soldaten seinen Leichnam. Noch über den Tod hinaus haben sie Angst vor ihm. Mit einem großen, schweren Stein ist sein Grab verschlossen. Als genügte es ihnen nicht, dass Jesus wirklich tot ist und fest verschlossen im Grab liegt, müssen sie durch Wachen sicherstellen, dass der Tote im Grab bleibt. Offenbar erinnerten sich die Gegner Jesu, dass er mehrfach gesagt hatte, er werde nach drei Tagen auferstehen. Man kann die Panik der Verantwortlichen verstehen. Bei allem, was sie mit Jesus erlebt haben, sind sie selber nicht sicher, ob er sogar als Toter noch für Überraschungen sorgen könnte. Daher diese Wächter an seinem Grab.

Ganz früh am Morgen des Sonntags, des ersten Tages der Woche, kommen Frauen, »um nach dem Grab zu sehen«. Es ist bis heute so: Die Trauer drängt einen, ans Grab eines geliebten Menschen zu gehen. Was suchen wir, wenn wir Gräber besuchen? Es lindert den Schmerz, sich dem Verstorbenen nahe zu wissen. Es tröstet, wenigstens etwas zu haben, an dem man sich festhalten kann. Dazu hilft das Grab.

Was sich dann ereignet, hat das Leben dieser Frauen völlig verändert. Statt still am Grab zu weinen, werden sie Zeugen eines umwerfenden Ereignisses. Die Wächter in Schreckstarre wie tot, der Grabstein weggewälzt und eine leuchtende Gestalt, die ihnen ein leeres Grab zeigt: »Ihr sucht Jesus, den Gekreuzigten. Er ist nicht hier; denn er ist auferstanden.«

Als sie mit Furcht und Schrecken vom Grab weglaufen, da begegnen sie Jesus selber. Und jetzt ist es für sie Gewissheit: Er lebt!

Was an diesem Morgen damals in Jerusalem geschah, vermutlich im Jahr 30 unserer Zeitrechnung, ist der Wendepunkt der Menschheitsgeschichte. Das mag übertrieben klingen, ist es aber nicht. Alles in der Natur unterliegt dem unerbittlichen Gesetz von Werden und Vergehen, von Geburt und Tod. Alles, was einmal anfängt, muss einmal enden. Immer steht am Ende der Tod.

Heute hat diese Macht des Todes ein Ende gefunden. Das leere Grab in Jerusalem ist das Zeichen dafür. Einmal ist es umgekehrt: Der Tod steht nicht am Ende des Lebens. Jetzt ist der Tod der Anfang eines Lebens, das nie mehr stirbt. Seit Ostern ist das Grab nicht mehr die Endstation. Der Stein ist nicht nur vom Grab Jesu entfernt. Es ist uns allen zugesagt, dass auch wir leben werden nach dem Tod. Am heutigen Tag wurde diese gute Botschaft zum ersten Mal erlebt und weitergesagt.

Dank an Maria aus Magdala

Lesejahr B

Am ersten Tag der Woche kam Maria von Magdala frühmorgens, als es noch dunkel war, zum Grab und sah, dass der Stein vom Grab weggenommen war. Da lief sie schnell zu Simon Petrus und dem anderen Jünger, den Jesus liebte, und sagte zu ihnen: Sie haben den Herrn aus dem Grab weggenommen und wir wissen nicht, wohin sie ihn gelegt haben. Da gingen Petrus und der andere Jünger hinaus und kamen zum Grab; sie liefen beide zusammen, aber weil der andere Jünger schneller war als Petrus, kam er als Erster ans Grab. Er beugte sich vor und sah die Leinenbinden liegen, ging jedoch nicht hinein. Da kam auch Simon Petrus, der ihm gefolgt war, und ging in das Grab hinein. Er sah die Leinenbinden liegen und das

Schweißtuch, das auf dem Haupt Jesu gelegen hatte; es lag aber nicht bei den Leinenbinden, sondern zusammengebunden daneben an einer besonderen Stelle. Da ging auch der andere Jünger, der als Erster an das Grab gekommen war, hinein; er sah und glaubte. Denn sie hatten noch nicht die Schrift verstanden, dass er von den Toten auferstehen müsse. Dann kehrten die Jünger wieder nach Hause zurück. Maria aber stand draußen vor dem Grab und weinte. Während sie weinte, beugte sie sich in die Grabkammer hinein. Da sah sie zwei Engel in weißen Gewändern sitzen, den einen dort, wo der Kopf, den anderen dort, wo die Füße des Leichnams Jesu gelegen hatten. Diese sagten zu ihr: Frau, warum weinst du? Sie antwortete ihnen: Sie haben meinen Herrn weggenommen und ich weiß nicht, wohin sie ihn gelegt haben. Als sie das gesagt hatte, wandte sie sich um und sah Jesus dastehen, wusste aber nicht, dass es Jesus war. Jesus sagte zu ihr: Frau, warum weinst du? Wen suchst du? Sie meinte, es sei der Gärtner, und sagte zu ihm: Herr, wenn du ihn weggebracht hast, sag mir, wohin du ihn gelegt hast! Dann will ich ihn holen. Jesus sag-

Ostersonntag

te zu ihr: Maria! Da wandte sie sich um und sagte auf Hebräisch zu ihm: Rabbuni!, das heißt: Meister. Jesus sagte zu ihr: Halte mich nicht fest; denn ich bin noch nicht zum Vater hinaufgegangen. Geh aber zu meinen Brüdern und sag ihnen: Ich gehe hinauf zu meinem Vater und eurem Vater, zu meinem Gott und eurem Gott. Maria von Magdala kam zu den Jüngern und verkündete ihnen: Ich habe den Herrn gesehen. Und sie berichtete, was er ihr gesagt hatte.

(JOHANNESEVANGELIUM 20,1–18)

Heute, am Morgen des Ostertages, steht eine Frau im Mittelpunkt. Sie ist die Erste, die Jesus lebendig gesehen hat. Sie ist die erste Zeugin der Auferstehung. Sie ist die erste Botin der freudigen Nachricht: Jesus lebt! Er ist nicht mehr im Grab! Er ist auferstanden! Diese Frau heißt Maria, wie die Mutter Jesu. Sie stammt aus einem Städtchen am See Gennesaret, aus Magdala.

Wer war diese Frau, die in der Geschichte des Christentums eine einzigartige Rolle spielt? Zu Recht wird sie Apostolin der Apostel genannt, denn

Jesus hat ihr den Auftrag gegeben, zu den verängstigten Aposteln zu gehen und ihnen die wichtigste Nachricht zu überbringen: dass er auferstanden ist und lebt. Von dieser Botschaft lebt unser Glaube, denn wenn Christus nicht auferstanden ist, dann ist unser Glaube leer, wie der Apostel Paulus sagt. Dann haben wir vergeblich gehofft, dass der Tod einmal überwunden wird. Dann wäre der Tod Jesu einfach das tragische Ende eines Idealisten gewesen, das Scheitern eines Weltverbesserers. Dann wäre mit seinem Begräbnis auch unsere Hoffnung begraben worden.

Wer aber war diese Frau aus Magdala in Galiläa? Was trieb sie, noch vor dem Morgengrauen, »als es noch dunkel war«, durch die menschenleeren Gassen von Jerusalem, ganz allein, zu dem Garten, in dem das Felsengrab lag, in das Jesus gelegt worden war? Es kann keinen Zweifel geben: Maria aus Magdala liebte Jesus. Ihre Tränen bezeugen ihre Liebe. Als sie das Grab offen und leer vorfindet, ist ihr Schmerz übergroß: »Sie haben meinen Herrn weggenommen und ich weiß nicht, wohin sie ihn gelegt haben.«

Wer war Maria aus Magdala? Um ihre Gestalt ranken sich viele (erfundene) Geschichten. Oft wird sie mit jener öffentlich bekannten Sünderin verwechselt, die bei einem Gastmahl die Füße Jesu mit ihren Tränen benetzt und mit ihren Haaren abgetrocknet hat. Von dieser Frau, deren Namen unbekannt blieb, hat Jesus gesagt: »Ihr sind viele Sünden vergeben, weil sie viel geliebt hat.«

Maria von Magdala wird deshalb oft als Sünderin dargestellt. Doch davon berichtet kein Evangelium. Einmal heißt es, Jesus habe sie von sieben Dämonen befreit. Das kann bedeuten, dass Jesus sie aus großer seelischer Not, aus schwerem Leid, erlöst hat. Sicher ist nur, dass sie Jesus mit einer tiefen, treuen Liebe verbunden war.

Berührend kommt diese Liebe in der Begegnung mit dem auferstandenen Jesus zum Ausdruck. Sie meint, es sei der Gärtner, als Jesus plötzlich hinter ihr steht. »Frau, warum weinst du? Wen suchst du?« Dieses Wort des Mitgefühls öffnet ihr Herz. Der, den sie für den Gärtner hält, spricht sie mit ihrem Namen an: Maria! War es der Klang seiner Stimme? Sie erkennt ihn sofort und spricht ihn liebevoll an: Rabbuni! Mein Meister! Aber Jesus lässt sich nicht festhalten. Er gibt ihr einen Auftrag: Sie soll gehen und allen sagen, dass er lebt, zuerst seinen Jüngern, die er »meine Brüder« nennt.

An diesem Ostermorgen steht eine Frau im Mittelpunkt, ihre Liebe zu Jesus und ihre Freude, dass Jesus lebt. Und nur darum geht es zu Ostern: Jesus ist kein Toter aus ferner Vergangenheit. Er ist wahrhaft auferstanden. Er lebt und ist bei uns. Danke, Maria aus Magdala, du bist die Erste, die das erlebt hat!

Alles nur Geschwätz?

Lesejahr C

Am ersten Tag der Woche gingen die Frauen mit den wohlriechenden Salben, die sie zubereitet hatten, in aller Frühe zum Grab. Da sahen sie, dass der Stein vom Grab weggewälzt war; sie gingen hinein, aber den Leichnam Jesu, des Herrn, fanden sie nicht. Und es geschah, während sie darüber ratlos waren, siehe, da traten zwei Männer in leuchtenden Gewändern zu ihnen. Die Frauen erschraken und blickten zu Boden. Die Männer aber sagten zu ihnen: Was sucht ihr den Lebenden bei den Toten? Er ist nicht hier, sondern er ist auferstanden. Erinnert

Ostersonntag

euch an das, was er euch gesagt hat, als er noch in Galiläa war: Der Menschensohn muss in die Hände sündiger Menschen ausgeliefert und gekreuzigt werden und am dritten Tag auferstehen. Da erinnerten sie sich an seine Worte. Und sie kehrten vom Grab zurück und berichteten das alles den Elf und allen Übrigen. Es waren Maria von Magdala, Johanna und Maria, die Mutter des Jakobus, und die übrigen Frauen mit ihnen. Sie erzählten es den Aposteln. Doch die Apostel hielten diese Reden für Geschwätz und glaubten ihnen nicht. Petrus aber stand auf und lief zum Grab. Er beugte sich vor, sah aber nur die Leinenbinden. Dann ging er nach Hause, voll Verwunderung über das, was geschehen war.
(LUKASEVANGELIUM 24,1–12)

Es war ein total trauriger Tag. Alles war zu Ende. Der Traum ausgeträumt. Die Hoffnung enttäuscht, die Zukunft finster, die Gegenwart leer. So in etwa muss die Stimmung gewesen sein, die unter der kleinen Schar der Jünger Jesu am Tag nach seinem Tod geherrscht hat.

Zeit der liebenden Aufmerksamkeit

Mit großen Hoffnungen waren sie aufgebrochen. Als er etwa drei Jahre zuvor in Galiläa begonnen hatte, Menschen anzusprechen, da waren viele von ihm begeistert. In Scharen kamen sie, ihn zu hören, zu sehen, zu berühren. Und zu sehen gab es ja wirklich Spannendes: Lahme standen auf, Blinde wurden sehend, Taube hörend, Stumme redend. Mit wenigen Broten machte er Tausende satt.

Große Hoffnungen knüpften sich an ihn. Wird er auch politisch etwas bewegen? Ein Reich der Gerechtigkeit und Freiheit errichten? Wird mit ihm eine neue Zeit beginnen? So sah es anfangs aus. Doch dann kam irgendwie eine negative Wende. Er redete den Leuten zu wenig nach dem Mund. Er stellte zu schwierige Forderungen, zu hohe Ansprüche an die, die mit ihm gehen wollten: dass sie dienen sollten, nicht herrschen; dass sie nicht nach den ersten Plätzen gieren, sondern lieber den letzten Platz wählen sollten; dass sie verzeihen sollten, wie er es tat.

Allmählich bröckelte es ab. Die Leute blieben weg. Selbst seine Begleiter verließen ihn in Scharen. Am Schluss, in Jerusalem, waren es nur mehr wenige, die bei ihm geblieben waren. Und dann der letzte Schlag: Todesurteil, Kreuzigung, schnell in ein Grab gelegt. Da lag nun die ganze Hoffnung im Grab. Alles aus!

Ostern heute in Österreich, Deutschland, Mitteleuropa: Bei nicht wenigen Katholiken ist eine ähnliche Stimmung zu spüren, mit dem Unterschied, dass damals die Öffentlichkeit vom Tod des Meisters kaum etwas bemerkte, während jetzt bei uns täglich neue Negativmeldungen über die Medien fast alle Menschen erreichen. Damals wandten sich viele enttäuscht von Jesus ab. Heute verlassen viele zornig oder abgestoßen die Kirche. Damals sah es nach totalem Ende aus. Heute sagen manche der Kirche das baldige Aus voraus.

Doch dann kam dieser frühe Morgen, am ersten Tag der neuen Woche. Einige Frauen, die Jesus treu geblieben waren, kamen beim ersten Morgengrauen zum Grab – und fanden es leer. Auch sahen sie zwei leuchtende Gestalten, die ihnen sagten: Den ihr sucht, Jesus, er ist nicht hier im Grab. Er lebt. Er ist auferstanden! Sagt es weiter!

Alles Geschwätz! Das war die Reaktion der »Amtskirche«, der Apostel. Zu tief war ihre Enttäuschung, um das jetzt zu glauben. Und doch war es so. Bald sollten sie ihn selber sehen und aus ihrer Hoffnungslosigkeit auftauchen.

Zeit der liebenden Aufmerksamkeit

Ostern heute: Jesus lebt! Alles nur Geschwätz? Seine Kirche: am Ende, völlig erledigt? Als Bischof, als Nachfolger der Apostel, heißt Ostern heute für mich: Glaubst du, dass Jesus wirklich lebt? Glaubst du, dass seine Kirche neu auferstehen kann? Schau um dich: Siehst du nicht nur die Fehler, die es unter Menschen in der Kirche gibt? Siehst du, wie Jesus Menschen heute neue Hoffnung schenkt? Glaubst du an Ostern, an die Auferstehung?

Zweiter Sonntag der Osterzeit

Am Abend dieses ersten Tages der Woche, als die Jünger aus Furcht vor den Juden bei verschlossenen Türen beisammen waren, kam Jesus, trat in ihre Mitte und sagte zu ihnen: Friede sei mit euch! Nach diesen Worten zeigte er ihnen seine Hände und seine Seite. Da freuten sich die Jünger, als sie den Herrn sahen. Jesus sagte noch einmal zu ihnen: Friede sei mit euch! Wie mich der Vater gesandt hat, so sende ich euch. Nachdem er das gesagt hatte, hauchte er sie an und sagte zu ihnen: Empfangt den Heiligen Geist! Denen ihr die Sünden erlasst, denen sind sie erlassen; denen ihr sie behaltet, sind sie behalten. Thomas, der Didymus genannt wurde, einer der Zwölf, war nicht bei ihnen, als Jesus kam. Die anderen Jünger sagten zu ihm: Wir haben den Herrn gesehen. Er entgegnete ihnen: Wenn ich nicht das Mal der Nägel an seinen Händen sehe und wenn ich meinen Finger nicht in das Mal der Nägel und meine Hand nicht in seine Seite lege, glaube ich nicht. Acht Tage darauf waren seine Jünger wieder drinnen versammelt und Thomas war dabei. Da kam Jesus bei verschlossenen Türen, trat in ihre Mitte und sagte: Friede sei mit euch! Dann sagte er zu Thomas: Streck deinen Finger hierher aus und sieh meine Hände! Streck deine Hand aus und leg sie in meine Seite und sei nicht ungläubig, sondern gläubig! Thomas antwortete und sagte zu ihm: Mein Herr und mein Gott! Jesus sagte zu ihm: Weil du mich gesehen hast, glaubst du. Selig sind, die nicht sehen und doch glauben. Noch viele andere Zeichen hat Jesus vor den Augen seiner Jünger getan, die in diesem Buch nicht aufgeschrieben sind. Diese aber sind aufgeschrieben, damit ihr glaubt, dass Jesus der Christus ist, der Sohn Gottes, und damit ihr durch den Glauben Leben habt in seinem Namen.

(JOHANNESEVANGELIUM 20,19–31)

Zweiter Sonntag der Osterzeit

Der ungläubige Thomas

Vor Jahren wurde ich einmal von einem Schweizer Zöllner kontrolliert, ordentlich »gefilzt«. Damals waren die Grenzen noch nicht so offen wie heute. Ich trug meine Mönchskutte, war also klar als Geistlicher zu erkennen. Trotzdem wollte der Zöllner mein Gepäck ganz genau kontrollieren. Ich wunderte mich und fragte ihn: »Trauen Sie mir nicht, halten Sie mich für einen Schwindler, einen unechten Mönch?« Darauf die überraschende Antwort: »Der Patron von uns Zöllnern ist der heilige Thomas: Was wir nicht sehen und berühren können, glauben wir nicht.«

Thomas, der Zweifler: Er glaubt nur, was er selber gesehen und angegriffen hat. Das macht ihn für viele so sympathisch. Wer sich mit dem Glauben schwertut, erkennt sich spontan in diesem Apostel, der auch nicht einfach alles glaubt, was andere ihm erzählen. Manche Menschen zögern zu glauben. Sie wollen Sicherheit. Sie stellen Fragen. Sie sagen nicht gleich Ja und Amen. Gläubige Menschen sind dann leicht ungeduldig mit solchen Zweiflern. Sie werfen ihnen vor, nicht glauben zu wollen. Der ungläubige

Thomas kommt aber denen zu Hilfe, die mit dem Glauben zögern.

Ist Thomas wirklich so ungläubig? Machen wir, die wir uns gern selber als »Gläubige« bezeichnen, nicht denen, die suchen und fragen, zu leicht den Vorwurf, dass sie Ungläubige seien?

Thomas hatte das Pech, dass er am Osterabend nicht dabei war. Die anderen hatten alle das Glück gehabt, Jesus zu erleben. Sie sahen ihn, wie er plötzlich durch die verschlossenen Türen hereinkam und unter ihnen war.

Wie oft sagen Menschen: Ich kann nicht glauben. In Wirklichkeit hatten sie nie das Glück, eine echte Erfahrung mit Gott zu haben. Vielleicht sind sie in einer Umgebung aufgewachsen, in der sie keine überzeugenden gläubigen Menschen erlebt haben. Oder sie sind Menschen begegnet, die sich selber für sehr gläubig halten, in ihrem Leben aber alles andere als glaubwürdige Gläubige sind. Manchmal können wir Gläubige den »Ungläubigen« mit unserer Art, unserem Reden und Verhalten, ganz schön auf die Nerven gehen. Und leider übersehen wir Gläubige nur allzu leicht, dass sogenannte Ungläubige sehr ernsthaft Suchende sind. Gott ist ihnen oft viel näher, als wir glauben.

Allen diesen Suchenden, Zweifelnden, Fragenden kann der Apostel Thomas ein Trost und eine Ermutigung sein. Warum? Zuerst dadurch, dass Jesus den Thomas nicht tadelt. Er zeigt ihm seine Wunden, die Spuren der Kreuzigung an seinem Leib. Jesus lässt sich von Thomas berühren und berührt dadurch sein Herz. Und so kommt Thomas zum Glauben: »Mein Herr und mein Gott!«

Thomas hatte das Glück, Jesus direkt und persönlich zu begegnen. Darum konnte er schließlich an ihn glauben. Wie aber sollen wir glauben, die wir nicht sehen? Glaube bleibt ein Geschenk. Deshalb darf ich nie jemanden verachten, der sich wie Thomas mit dem Glauben schwertut.

Berührende Berührung

Thomas will es genau wissen. Ob Jesus wirklich auferstanden ist, das kann er nur glauben, wenn er ihn selber berühren darf. Genauer: Er will seine Wunden sehen und angreifen. Er will auf Nummer sicher gehen. Die anderen Apostel behaupten, Jesus sei ihnen erschienen. Wer weiß, ob das nicht eine Einbildung ihrer traurigen und verängstigten Herzen war? Jesus ist tot, qualvoll am Kreuz gestorben. Dass Jesus jetzt plötzlich leben soll, das kann Thomas nicht begreifen.

Die Sprache gibt uns hier einen interessanten Hinweis. Wenn wir ausdrücken wollen, dass wir etwas nicht verstehen, dann sagen wir: Ich kann es nicht begreifen. Verstehen hat etwas zu tun mit anfassen, angreifen, berühren. Wir verstehen nicht nur mit unserem Verstand, sondern auch mit unseren Sinnen. Wir wollen etwas selber hören und sehen, um es zu erfahren und zu erleben. »Ich habe es mit eigenen Ohren gehört, mit meinen eigenen Augen gesehen«: Das macht eine Zeugenaussage glaubwürdig. Wohl am stärksten wirkt der Tastsinn. Was wir selber angreifen, mit Händen greifen, mit unseren Fingern betasten, was wir hautnah spüren können, das »be-greifen« wir.

Wir lernen die Welt durch unsere Sinne kennen. Ein Baby ertastet sich die Welt, will alles angreifen. Und es braucht selbst lebensnotwendig den Hautkontakt, muss berührt werden. Durch Berührung wächst es ins Leben hinein. Ein Leben lang sind wir auf Berührung angewiesen. Ein herzlicher Händedruck, eine liebevolle Umarmung können in Stunden der Trauer berühren und trösten. Einem Sterbenden die Hand halten ist wichtiger als viele Worte. »Fürchtet euch nicht vor der Zärtlichkeit«, sagt Papst Franziskus.

Zärtlich sind die Soldaten mit Jesus nicht umgegangen. Berührung kann auch alles andere sein als ein liebevoller Kontakt. Die Geißelhiebe, die Jesus blutig geschlagen haben, die Schläge ins Gesicht, angespuckt und mit spitzen Dornen verletzt, das waren Misshandlungen, nicht Berührungen. Das alles ist Thomas in Erinnerung. Er hat nicht selber gesehen, wie sie Jesus gequält und gekreuzigt haben. Aber er weiß, was man seinem geliebten Meister angetan hat. Jetzt will er sicher sein: Wenn Jesus wirklich lebt, wie die anderen behaupten, dann will er seine Wunden sehen, mehr noch, er will sie mit seinen Fingern, seiner Hand angreifen können. Das wird ihm gewährt. Heute, eine Woche nach dem Ostertag, erscheint Jesus wieder den Seinen. Thomas darf die Nagelwunden an den Händen Jesu berühren. Mehr noch, er darf seine Hand in die große Seitenwunde Jesu legen, die nicht mehr blutet, aber immer noch da ist. Diese Berührung berührt Thomas bis ins Innerste. Er kann nur ergriffen sagen: »Mein Herr und mein Gott!«

Dieses schlichte, tiefe Bekenntnis soll auch uns berühren. Wir können Jesus nicht so betasten wie Thomas. Aber mit den Augen des Herzens, mit dem Tastsinn des Glaubens können wir ihn erspüren, berühren und von ihm berührt werden. Ganz begreifen werden wir ihn wohl erst, wenn wir ihn einmal schauen dürfen, drüben, im ewigen Leben.

Friede sei mit euch!

Gleich dreimal grüßt Jesus die Seinen mit diesen Worten: »Friede sei mit euch!« Im Orient ist das Wort »Friede« bis heute der übliche Gruß: Friede sei mit euch! Das muss für die Jünger Jesu ein vertrauter Gruß gewesen sein, an diesem Tag ganz besonders. Die Tage davor waren voller Schrecken und Angst. Sie mussten damit rechnen, dass man auch sie verhaften wird, wie Jesus. Warum sollten die Behörden nicht gleich reinen Tisch machen und seine Anhänger beseitigen, damit diese Sekte der Jesus-Jünger mit der Wurzel ausgerissen wird?

Sie hatten also allen Grund, die Türen sicherheitshalber fest verschlossen zu halten. Jesus war tot.

Zweiter Sonntag der Osterzeit

Sie wollten überleben. Freilich hatte es am Morgen dieses ersten Tages der Woche einige Aufregung gegeben. Frauen hatten gemeldet, das Grab sei leer. Zwei von ihnen liefen hin und fanden es bestätigt. Doch statt nach dem Leichnam zu suchen, verschanzten sie sich umso mehr in ihrem Versteck.

Plötzlich ist er mitten unter ihnen, trotz der verschlossenen Türen, und grüßt sie: Friede sei mit euch! Was für eine Erfahrung war das? Jesus hat ihnen nicht nur Frieden gewünscht, sondern auch gebracht. An seinen Händen und seiner Brust erkennen sie: Das sind Jesu Wunden. Das ist er selber. Freude kommt auf: Er lebt!

Friede sei mit euch! Es berührt mich jedes Jahr beim Osterevangelium, dass das der erste Gruß Jesu an seine Jünger ist. Wenn ich als Bischof einen Gottesdienst beginne, sind das ebenfalls meine ersten Worte: Der Friede sei mit euch! Und oft füge ich hinzu: Mit diesen Worten hat Jesus an Ostern seine verängstigten Jünger begrüßt. Diesen Gruß darf ich Ihnen weitergeben!

Welchen Frieden wünscht Jesus uns, damals und heute? Was Sehnsucht nach Frieden bedeutet, das können uns Flüchtlinge aus Syrien oder dem Irak zeigen. Wer Jahre des Krieges erlebt hat, Jahre der

Flucht und des Schreckens, der weiß, was für ein Geschenk der Friede ist. Was Sehnsucht nach Frieden ist, können wir ahnen bei Kindern, die in den Rosenkrieg ihrer Eltern hineingezogen werden und als Faustpfand gegeneinander herhalten müssen.

Sehnsucht nach Frieden! Jesus zeigt den Weg zum Frieden: Empfangt den Heiligen Geist, sagt er und haucht sie an. Den Geist des Friedens gibt er ihnen. Wie wirkt dieser? Durch Verzeihen! Ohne gegenseitiges Vergeben gibt es keinen Frieden. Einer muss aber anfangen. Gott hat damit begonnen, indem er uns verziehen hat. Er hat uns alle Sünden erlassen!

Und Friede hat mit Vertrauen zu tun. Wo Misstrauen sich bis zum Hass gesteigert hat, da herrscht Unfriede. Thomas, der Zuspätgekommene, traut dem Frieden nicht ohne handgreifliche Beweise. Jesus sagt ihm: Vertraue, glaube! Sei nicht so ungläubig! Der Weg zum Frieden kann lang und mühsam sein. Heute bietet Jesus an: Meinen Frieden gebe ich euch!

Dritter Sonntag der Osterzeit

An der Wiege des Christentums

Lesejahr A

Danach offenbarte sich Jesus den Jüngern noch einmal, am See von Tiberias, und er offenbarte sich in folgender Weise. Simon Petrus, Thomas, genannt Didymus, Natanaël aus Kana in Galiläa, die Söhne des Zebedäus und zwei andere von seinen Jüngern waren zusammen. Simon Petrus sagte zu ihnen: Ich gehe fischen. Sie sagten zu ihm: Wir kommen auch mit. Sie gingen hinaus und stiegen in das Boot. Aber in dieser Nacht fingen sie nichts. Als es schon Morgen wurde, stand Jesus am Ufer. Doch die Jünger wussten nicht, dass es Jesus war. Jesus sagte zu ihnen: Meine Kinder, habt ihr keinen Fisch zu essen? Sie antworteten ihm: Nein. Er aber sagte zu ihnen: Werft das Netz auf der rechten Seite des Bootes aus und ihr werdet etwas finden. Sie warfen das Netz aus und konnten es nicht wieder einholen, so voller Fische war es. Da sagte der Jünger, den Jesus liebte, zu Petrus: Es ist der Herr! Als Simon Petrus hörte, dass es der Herr sei, gürtete er sich das Obergewand um, weil er nackt war, und sprang in den See. Dann kamen die anderen Jünger mit dem Boot – sie waren nämlich nicht weit vom Land entfernt, nur etwa zweihundert Ellen – und zogen das Netz mit den Fischen hinter sich her. Als sie an Land gingen, sahen sie am Boden ein Kohlenfeuer und darauf Fisch und Brot liegen. Jesus sagte zu ihnen: Bringt von den Fischen, die ihr gerade gefangen habt! Da stieg Simon Petrus ans Ufer und zog das Netz an Land. Es war mit hundertdreiundfünfzig großen Fischen gefüllt, und obwohl es so viele waren, zerriss das Netz nicht. Jesus sagte zu ihnen: Kommt her und esst! Keiner von den Jüngern wagte ihn zu befragen: Wer bist du? Denn sie wussten, dass es der Herr war. Jesus trat heran, nahm das Brot und gab es ihnen, ebenso den Fisch. Dies war schon das dritte Mal, dass Jesus sich den

Jüngern offenbarte, seit er von den Toten auferstanden war.

(JOHANNESEVANGELIUM 21,1–14)

Es ist schon etwas ganz Besonderes, über dieses Evangelium an dem Ort nachzudenken, am dem es sich abgespielt hat. Öfter durfte ich diese Tage nach Ostern in Galiläa verbringen, am See Gennesaret, der auch See von Tiberias heißt, auf dem Berg der Seligpreisungen, von dem aus sich ein wunderbarer Blick auf den ganzen See darbietet. Ich kann nicht vergessen, dass wenige Kilometer von hier entfernt Syrien liegt, das vom Krieg leidgeprüfte Land mit unzähligen Opfern.

Hier, um diesen See haben sich die wenigen Jahre des öffentlichen Wirkens Jesu abgespielt. Hier hat er gewirkt, gepredigt, geheilt, getröstet. Hier haben sich ihm Männer und Frauen angeschlossen, die den ersten Kreis dessen gebildet haben, was dann die Kirche werden sollte. Kurz: Hier ist die Wiege des Christentums. Darum ist es so kostbar, an diesen See und seine Orte zurückkehren zu dürfen. In Galiläa hat alles angefangen. Hier ist das Evangelium greifbar. Hier ist Jesus nahe.

Zeit der liebenden Aufmerksamkeit

Schon damals hat es die Jünger Jesu nach Galiläa gezogen. Nach den dramatischen Tagen in Jerusalem kehren sie dorthin zurück, wo sie Jesus zum ersten Mal begegnet sind. War es die Sehnsucht nach den wunderbaren Tagen des Anfangs? Vielleicht war es auch ein ganz praktischer Grund, der sie bewog, Jerusalem zu verlassen und nach Galiläa zurückzukehren: Dort waren sie zu Hause. Dort lebten ihre Familien. Dort hatten sie ihren Beruf. Und das Leben musste weitergehen.

So sagt Petrus nüchtern: Ich gehe fischen. Andere schließen sich ihm an. Die erste Ausfahrt war ernüchternd erfolglos: Sie fingen nichts. Als sie im Morgengrauen am Ufer einen Mann stehen sehen, der sie behutsam fragt, ob sie etwas zu essen hätten, ist ihre Antwort kurz und trocken: Nein! So sieht also ihre Heimkehr nach Galiläa aus: nicht sehr ermutigend.

Doch dann ändert sich alles: Der Unbekannte am Ufer ermutigt sie, es nochmals zu versuchen. Und plötzlich sind ihre Netze zum Platzen voll von Fischen. Johannes versteht als Erster, wer da am Ufer steht: Es ist der Herr! Und Petrus beeilt sich, als Erster bei ihm zu sein. Sie finden Jesus wieder, wie in den Tagen, als alles anfing. Und doch ist alles anders.

Jesus ist nicht mehr wie früher mit ihnen. Er ist schon in der anderen Welt. Sie sind noch hier. Aber ihr Leben hat sich geändert. Sie haben jetzt die Gewissheit, dass Jesus lebt. Und dass er bei ihnen bleibt, nicht wie früher, als sie mit ihm von Dorf zu Dorf zogen, sondern ganz neu: Er ist immer mit ihnen, wohin sie auch gehen. Und in dieser Sicherheit machen sie sich auf den Weg.

Hier in Galiläa hat Jesus sie ausgesendet: Geht in alle Welt und macht alle Menschen zu meinen Jüngern! Von diesem kleinen Flecken Erde, dem Land um den See Gennesaret, ging das Evangelium hinaus in die ganze Welt. Es tut gut, hierherzukommen und neu zu erfahren, worum es Jesus wirklich ging. Eine Pilgerfahrt ins Heilige Land kann auch für uns ein Neuanfang werden.

Vom Schrecken zum Glauben

Lesejahr B

> Die beiden Jünger, die von Emmaus zurückgekehrt waren, erzählten den Elf und den andern

Jüngern, was sie unterwegs erlebt und wie sie ihn erkannt hatten, als er das Brot brach. Während sie noch darüber redeten, trat er selbst in ihre Mitte und sagte zu ihnen: Friede sei mit euch! Sie erschraken und hatten große Angst, denn sie meinten, einen Geist zu sehen. Da sagte er zu ihnen: Was seid ihr so bestürzt? Warum lasst ihr in eurem Herzen Zweifel aufkommen? Seht meine Hände und meine Füße an: Ich bin es selbst. Fasst mich doch an und begreift: Kein Geist hat Fleisch und Knochen, wie ihr es bei mir seht. Bei diesen Worten zeigte er ihnen seine Hände und Füße. Als sie es aber vor Freude immer noch nicht glauben konnten und sich verwunderten, sagte er zu ihnen: Habt ihr etwas zu essen hier? Sie gaben ihm ein Stück gebratenen Fisch; er nahm es und aß es vor ihren Augen. Dann sagte er zu ihnen: Das sind meine Worte, die ich zu euch gesprochen habe, als ich noch bei euch war: Alles muss in Erfüllung gehen, was im Gesetz des Mose, bei den Propheten und in den Psalmen über mich geschrieben steht. Darauf öffnete er ihren Sinn für das Verständnis der Schriften. Er sagte zu ihnen: So steht es geschrieben: Der Christus wird leiden

und am dritten Tag von den Toten auferstehen und in seinem Namen wird man allen Völkern Umkehr verkünden, damit ihre Sünden vergeben werden. Angefangen in Jerusalem, seid ihr Zeugen dafür.
(Lukasevangelium 24,35–48)

»Was seid ihr so bestürzt? Warum lasst ihr in euren Herzen Zweifel aufkommen?« Es ist überraschend, dass das Erscheinen Jesu nicht sofort große Freude auslöst. Als Jesus plötzlich in die Mitte seiner Jünger tritt, erschrecken sie und haben große Angst, denn sie meinen, einen Geist zu sehen.

Die erste Reaktion auf die Begegnung mit dem auferstandenen Jesus ist Schrecken, Angst und Zweifel. Ist das so verwunderlich? Wie würden wir reagieren, wenn plötzlich jemand mitten unter uns steht, an dessen Begräbnis wir vor drei Tagen teilgenommen haben? Wir würden uns die Augen reiben. Sehe ich recht? Bilde ich mir etwas ein? Steht da ein Gespenst? Wahrscheinlich wären wir total erschrocken. Auf jeden Fall: Freude wäre kaum die erste Reaktion. Angst und Entsetzen schon viel eher. Wir können also durchaus verstehen, wie es den Jüngern Jesu ging, als er plötzlich mitten unter ihnen stand. Dass Tote plötzlich wieder leben, dass sie unter den Lebenden erscheinen, das gehört nicht zu unseren alltäglichen Erfahrungen.

Nun könnte man einwenden: Jesus hat doch mehrmals angekündigt, dass er nicht nur Schlimmes erleiden, sondern dass er nach seinem Tod auferstehen werde. Ich kann gut verstehen, dass seine Jünger sich darunter nicht viel vorstellen konnten. Sie hatten zwar mehrmals erlebt, dass Jesus Tote wiedererweckt hat, zum Beispiel den Sohn einer Witwe in Naïn oder das Töchterlein des Synagogenvorstehers Jaïrus. In beiden Fällen hat Jesus einen Toten, der da lag, bei der Hand gefasst, und das Leben kam wieder in den Leib des Verstorbenen.

Hier aber war etwas anderes geschehen, etwas völlig Neues: Jesus ist plötzlich da. Die Türen waren verschlossen. Es ging keine Tür auf, sondern Jesus war einfach da, mitten unter ihnen. Wie er dann auch plötzlich wieder weg war. Behutsam führt sie Jesus hin zur Erkenntnis, dass er kein Geist, kein Gespenst ist: »Seht meine Hände und meine Füße an: Ich bin es selbst.« Warum gerade die Hände und die Füße? Weil an ihnen die Spuren der Kreuzigung sichtbar sind.

Nicht ein Geist, nicht die Seele eines Verstorbenen ist hier erschienen, sondern ein Mensch mit Fleisch und Knochen. Und damit sie es wirklich glauben können, isst er vor ihnen ein Stück Fisch. Da erst beginnen sie zu begreifen. Da erst kommt in ihnen Freude auf. Jetzt erst verstehen sie: Jesus ist wirklich auferstanden! Von jetzt an siegt die Gewissheit über alle anfänglichen Zweifel. Von nun an werden sie es überall bezeugen können, »allen Völkern ..., angefangen in Jerusalem«.

Ich finde es tröstlich, dass die Jünger Jesu eine Zeit brauchten, um glauben zu können, dass Jesus wirklich auferstanden ist und lebt. Sie konnten ihn wenigstens sehen, berühren, mit ihm sprechen. »Selig sind, die nicht sehen und doch glauben«, sagte Jesus zum zweifelnden Thomas.

Wenn die Statistiken stimmen (es empfiehlt sich Vorsicht), dann glauben inzwischen viele Menschen in unserem Land, dass mit dem Tod alles vorbei sei. Und von denen, die an ein Leben nach dem Tod glauben, meinen viele, dazu brauche es keine leibliche Auferstehung von den Toten, es genüge, wenn es nach dem Tod »irgendwie weitergeht«. Jesus ist aber leiblich vom Tod erstanden. Sein Grab ist leer. Er ist nicht ins irdische Leben zurückgekehrt. Er ist ins ewige Leben eingetreten. Dieses neue Leben ist auch uns verheißen, als ganze Menschen, mit Leib und Seele, auferstanden mit Jesus.

Liebst du mich?

Lesejahr C

In jener Zeit offenbarte sich Jesus den Jüngern noch einmal, am See von Tiberias. Dies war schon das dritte Mal, dass Jesus sich den Jüngern offenbarte, seit er von den Toten auferstanden war. Als sie gegessen hatten, sagte Jesus zu Simon Petrus: Simon, Sohn des Johannes, liebst du mich mehr als diese? Er antwortete ihm: Ja, Herr, du weißt, dass ich dich liebe. Jesus sagte zu ihm: Weide meine Lämmer! Zum zweiten Mal fragte er ihn: Simon, Sohn des Johannes, liebst du mich? Er antwortete ihm: Ja, Herr, du weißt, dass ich dich liebe. Jesus sagte zu ihm: Weide meine Schafe! Zum dritten Mal fragte er ihn: Simon, Sohn des Johannes, liebst du mich? Da wurde Petrus traurig, weil Jesus

ihn zum dritten Mal gefragt hatte: Liebst du mich? Er gab ihm zur Antwort: Herr, du weißt alles; du weißt, dass ich dich liebe. Jesus sagte zu ihm: Weide meine Schafe! Amen, amen, ich sage dir: Als du jünger warst, hast du dich selbst gegürtet und gingst, wohin du wolltest. Wenn du aber alt geworden bist, wirst du deine Hände ausstrecken und ein anderer wird dich gürten und dich führen, wohin du nicht willst. Das sagte Jesus, um anzudeuten, durch welchen Tod er Gott verherrlichen werde. Nach diesen Worten sagte er zu ihm: Folge mir nach!
(JOHANNESEVANGELIUM 21,1a.14–19)

Am 13. März 2013 haben wir Kardinäle in der berühmten Sixtinischen Kapelle im Konklave einen neuen Papst gewählt: Franziskus ist der Name, den Kardinal Jorge Maria Bergoglio für sich gewählt hat. Papst Franziskus hat in seiner Amtszeit schon für viel Überraschung gesorgt. Seine einfache, direkte, menschennahe Art hat viele begeistert. Er brachte frischen Wind in die Kirche: Kein Prunk mehr, keine kostbare Gewänder. Er wünscht sich »eine arme Kirche für die Armen«. Seine offene Art, die Dinge beim Namen zu nennen, stößt aber nicht überall auf Sympathie. Auch nicht im Vatikan. Der berührende Film von Wim Wenders, »Papst Franziskus – der Mann seines Wortes«, zeigt ihn als einen Mann, der alles wirklich meint, was er sagt, und der auch lebt, was er sagt.

Was aber hat die 115 Kardinäle im Konklave bewogen, gerade ihn zu wählen, einen Hirten fast vom Ende der Welt ins Papstamt zu rufen? Was muss ein Papst können? Gibt es überhaupt einen, der alle die vielen Gaben und Begabungen mitbringt, die für dieses wohl schwierigste Amt der Kirche notwendig sind?

Jesus gibt eine einfache Antwort, und sie ist nicht nur für Petrus gültig, sondern für alle seine Nachfolger. Damals, nach Ostern, als Jesus einigen Aposteln am See Gennesaret erschien und mit ihnen gemeinsam Mahl hielt, da fragte er den Petrus dreimal hintereinander, ob er ihn denn liebe. Dreimal antwortete Petrus fest und klar: »Herr, du weißt alles, du weißt, dass ich dich liebe.« Freilich schmerzte es ihn, dass Jesus die Frage gleich dreimal stellte. Es dürfte ihm bewusst geworden sein, dass dieses mehrmalige Fragen damit zu tun hatte, dass er Jesus dreimal verleugnet hatte, damals, als Jesus gefangen war und die Leute Petrus als einen seiner Jünger erkannt haben: »Ich kenne diesen Jesus nicht!« – hat Petrus energisch behauptet, bis plötzlich ein Hahn krähte ...

»Liebst du mich?« Die Antwort des Petrus ist ehrlich. Er liebt seinen Meister wirklich, und deshalb hat ihn sein Verrat so bitter geschmerzt, deshalb ist seine Reue so tief. Weil er Jesus wirklich von Herzen liebt, spürt er den Schmerz seiner Reue neu, als Jesus ihn noch ein drittes Mal fragt: »Liebst du mich?«

Beim Konklave musste ich mehrmals an diese Szene aus dem Evangelium denken. Wen sollen wir wählen? Wer soll der nächste Papst sein? Jesus stellt nicht eine lange Liste von Eigenschaften auf. Nur eines will er wissen. Nur eine »Qualifikation« muss der Kandidat haben: »Liebst du mich?« Wenn er darauf ehrlich Ja sagen kann, dann wird Jesus ihn zum Hirten machen: »Weide meine Schafe!«

Papst Franziskus hat vom ersten Moment an mit vielen Zeichen gezeigt, dass er ein Hirt ist, der zu den Menschen geht, ihnen nahe ist, ihre Herzen anspricht und sie öffnet. Seine Freiheit gegenüber dem Protokoll, seine Herzlichkeit, seine spürbare Güte, all das hat eine tiefe Quelle. Er hat uns anvertraut, dass er sehr früh aufsteht. Um halb fünf nimmt er sich Zeit für Stille und Gebet. Seine Liebe zu den Menschen wurzelt in seiner Liebe zu Jesus. Deshalb ist sie »ansteckend«, leuchtet sie aus seinem Gesicht.

»Habt keine Angst vor der Güte und der Zärtlichkeit!«, sagte Papst Franziskus in einer seiner ersten Ansprachen. Was braucht unsere Welt mehr als Güte und Zärtlichkeit?

Vierter Sonntag der Osterzeit

Sehnsucht nach guten Hirten

Lesejahr A

In jener Zeit sprach Jesus zu seinen Jüngern: Amen, amen, ich sage euch: Wer in den Schafstall nicht durch die Tür hineingeht, sondern anderswo einsteigt, der ist ein Dieb und ein Räuber. Wer aber durch die Tür hineingeht, ist der Hirt der Schafe. Ihm öffnet der Türhüter und die Schafe hören auf seine Stimme; er ruft die Schafe, die ihm gehören, einzeln beim Namen und führt sie hinaus. Wenn er alle seine Schafe hinausgetrieben hat, geht er ihnen voraus und die Schafe folgen ihm; denn sie kennen seine Stimme. Einem Fremden aber werden sie nicht folgen, sondern sie werden vor ihm fliehen, weil sie die Stimme der Fremden nicht kennen. Dieses Gleichnis erzählte ihnen

Jesus; aber sie verstanden nicht den Sinn dessen, was er ihnen gesagt hatte. Weiter sagte Jesus zu ihnen: Amen, amen, ich sage euch: Ich bin die Tür zu den Schafen. Alle, die vor mir kamen, sind Diebe und Räuber; aber die Schafe haben nicht auf sie gehört. Ich bin die Tür; wer durch mich hineingeht, wird gerettet werden; er wird ein- und ausgehen und Weide finden. Der Dieb kommt nur, um zu stehlen, zu schlachten und zu vernichten; ich bin gekommen, damit sie das Leben haben und es in Fülle haben.
(JOHANNESEVANGELIUM 10,1–10)

Damals, zur Zeit Jesu, war das Bild des Hirten allen vertraut. Hirt und Herde gehören zusammen. Die Herde ist der wichtigste Reichtum. Daher ist der Hirt so wichtig. Er hat zu wachen, dass der Herde kein Unglück geschieht. Bedrohungen gibt es viele. Räuber können die Herde überfallen und ausrauben. Wilde Tiere müssen abgewehrt werden. Der Hirt hat darauf zu schauen, dass keines seiner Tiere sich verirrt und verlorengeht. Und er achtet auf das Wohl und die Gesundheit jedes einzelnen Tieres seiner Herde.

So ist es verständlich, dass das Bild des Hirten vielfach für leitende Berufe verwendet wurde: Vor allem der König galt als Hirt seines Volkes. Aber auch die Verantwortlichen in Politik, Wirtschaft, Öffentlichkeit wurden mit dem Hirtentitel bedacht. Und besonders wurden – und werden heute noch – die religiösen Autoritäten, die Priester, die Vorsteher und Leiter, als Hirten bezeichnet.

Manche biblische Propheten hatten schon lange vor Jesus kritische, ja zum Teil sehr scharfe Worte über die Hirten ihrer Zeit gesprochen. Sie hielten ihnen den Spiegel vor und zeigten unerbittlich, wie schlimm es für die Herde ist, wenn sie schlechte Hirten hat. Sie geißelten die Selbstsucht der Hirten, denen es nur um den eigenen Profit geht, die sich nicht um das Wohl der ihnen anvertrauten Herde kümmern und letztlich ihre Herden ruinieren.

An dieses vertraute Bild knüpft Jesus an. Wie so oft erzählt er ein Gleichnis. Aber seine Zuhörer verstanden es nicht. Verstehen wir es heute besser? Das Gleichnis ist doch einfach und klar. Wer als Dieb kommt, steigt irgendwo ein. Er kommt nicht durch die gewohnte Tür.

Achtet also darauf, in welcher Absicht jemand kommt. Geht es dem, der da eindringt, um euer

Wohl, oder geht es ihm um seinen Profit? In der Politik: Ist jemand nur auf Stimmenfang aus oder geht es ihm um das Land, die Menschen, eine gute Zukunft für alle? Populismus ist das Gegenteil von guter Hirtenschaft. Und für die Priester, die Geistlichen: Denken sie mehr an sich als an die Menschen? Geht es ihnen zuerst um ihre eigene Bequemlichkeit oder um den Dienst an denen, die Hilfe brauchen?

Jesus hat ein hartes, scharfes Wort für solche Hirten: Sie sind einfach Diebe und Räuber. Jesus sagt aber auch etwas Tröstliches: Die Schafe hören nur auf die Stimme des Hirten, nicht auf die der Diebe und Räuber. Jesus hat dieses Vertrauen in die Menschen. Sie haben letztlich ein feines Gespür dafür, ob es einem Politiker, einem Chef, einem Priester wirklich um die Menschen geht. Populismus kann zeitweise die Menschen täuschen und verführen. Auf die Dauer haben nur glaubwürdige Hirten die Gefolgschaft ihrer Herde.

Woran erkennt man letztlich den guten Hirten? Jesus gibt eine klare Antwort: »Ich bin die Tür zu den Schafen.« Das heißt doch: Wer an mir Maß nimmt, der ist ein guter Hirt. Denn Jesus geht es nur um eines: »Ich bin gekommen, damit sie das Leben haben und es in Fülle haben.« Wer in dieser Absicht seine Autorität ausübt, der wird zu Recht als guter Hirt erlebt. Wie sehr sehnen wir uns alle nach solchen Hirten!

Der gute Hirt

Lesejahr B

> In jener Zeit sprach Jesus: Ich bin der gute Hirt. Der gute Hirt gibt sein Leben hin für die Schafe. Der bezahlte Knecht aber, der nicht Hirt ist und dem die Schafe nicht gehören, sieht den Wolf kommen, lässt die Schafe im Stich und flieht; und der Wolf reißt sie und zerstreut sie. Er flieht, weil er nur ein bezahlter Knecht ist und ihm an den Schafen nichts liegt. Ich bin der gute Hirt; ich kenne die Meinen und die Meinen kennen mich, wie mich der Vater kennt und ich den Vater kenne; und ich gebe mein Leben hin für die Schafe. Ich habe noch andere Schafe, die nicht aus diesem Stall sind; auch sie muss ich führen und sie werden auf meine Stimme hören; dann wird es nur eine Herde geben und einen Hirten.

Deshalb liebt mich der Vater, weil ich mein Leben hingebe, um es wieder zu nehmen. Niemand entreißt es mir, sondern ich gebe es von mir aus hin. Ich habe Macht, es hinzugeben, und ich habe Macht, es wieder zu nehmen. Diesen Auftrag habe ich von meinem Vater empfangen.
(JOHANNESEVANGELIUM 10,11–18)

Hirten sind keine Räuber. Hirten hüten und behüten. Räuber rauben und betrügen. Ich glaube, wir haben alle eine Vorstellung von einem guten Hirten und leider auch von Räubern. In meiner Zeit in Rom wurde mir einmal meine Geldbörse gestohlen, und einmal wurde meine Wohnung ausgeraubt. Heute geschieht das an vielen Orten, auch in Wien. Es tut weh. Mehr als der materielle Verlust verletzt der Betrug, der Einbruch in die Privatsphäre, die Missachtung meines Eigentums.

Jesus nennt sich selber den guten Hirten. Dieses Wort strahlt Vertrauen aus. Es bedeutet Sicherheit und Schutz, Geborgenheit und Fürsorge. Einer der bekanntesten und beliebtesten Psalmen der Bibel ist der »Hirten-Psalm« 23, der oft bei Taufen, Hochzeiten, Begräbnissen gebetet und gesungen wird: »Der HERR ist mein Hirt, nichts wird mir fehlen. Er lässt mich lagern auf grünen Auen und führt mich zum Ruheplatz am Wasser. Meine Lebenskraft bringt er zurück. Er führt mich auf Pfaden der Gerechtigkeit, getreu seinem Namen. Auch wenn ich gehe im finsteren Tal, ich fürchte kein Unheil; denn du bist bei mir, dein Stock und dein Stab, sie trösten mich. Du deckst mir den Tisch vor den Augen meiner Feinde. Du hast mein Haupt mit Öl gesalbt, übervoll ist mein Becher. Ja, Güte und Huld werden mir folgen mein Leben lang und heimkehren werde ich ins Haus des HERRN für lange Zeiten.«

Was macht den guten Hirten aus? Und wie können wir selber für andere gute Hirten sein? Jesus unterscheidet den Hirten vom bezahlten Knecht. Dem bezahlten Knecht ist das eigene Interesse wichtiger als das Wohl der Schafe. Es ist menschlich verständlich, dass wir in Gefahr unser Leben retten wollen. Der bezahlte Knecht flieht vor dem Wolf, egal, was den Schafen passiert. Es sind ja nicht seine Schafe. Anders ist eine Mutter, die ihr Leben einsetzt für ihr Kind. Sie handelt als gute Hirtin. Ein Feuerwehrmann, der sein Leben riskiert, um Menschen aus dem brennenden Haus zu retten, handelt als guter

Hirt. Der französische Polizist, der sich im Austausch als Geisel nehmen ließ und dabei ums Leben kam, wurde zu Recht in ganz Frankreich als Vorbild gelobt. Wir spüren sehr genau, wo und wie sich jemand als guter Hirt verhält und wo jemand nur an den eigenen Nutzen denkt.

Zum guten Hirten gehört auch die Vertrautheit mit den Schafen: »Ich kenne die Meinen, und die Meinen kennen mich.« Was wäre das für ein Hirt, für den seine Herde nur Schlachtvieh ist? Was wäre das für ein Gott, für den wir Menschen nur eine namenlose Masse darstellen?

Der gute Hirt kennt die Seinen, und sie kennen ihn: Wie weh tut es, mit dem Gefühl leben zu müssen: Ich werde nicht verstanden! Man kennt mich nicht wirklich! Wie oft bleiben wir einander fremd, selbst in der Familie, in der Ehe, in der Partnerschaft. Es ist ein großer Trost, darauf vertrauen zu können: Du, Herr, kennst mich durch und durch und richtest und verurteilst mich nicht.

»Ich habe noch andere Schafe, die nicht aus diesem Stall sind«, sagt Jesus. Das ist ein kostbares Wort. Wir sind versucht, uns allein als die Besonderen, die Erwählten zu sehen, und schließen die aus, die nicht »zu unserem Stall« gehören. Er ist Hirt

für alle, auch für die, die wir gern als »die anderen«
betrachten, die Fremden, die Fernstehenden. Auch
ihnen ist er nahe, der gute Hirt.

Erkenne dich selbst!

Lesejahr C

> In jener Zeit sprach Jesus: Meine Schafe hören
> auf meine Stimme; ich kenne sie und sie folgen
> mir. Ich gebe ihnen ewiges Leben. Sie werden
> niemals zugrunde gehen und niemand wird sie
> meiner Hand entreißen. Mein Vater, der sie mir
> gab, ist größer als alle und niemand kann sie
> der Hand meines Vaters entreißen. Ich und der
> Vater sind eins.
> (JOHANNESEVANGELIUM 10,27–30)

»Erkenne dich selbst und erschrick nicht«: So lautet der Titel eines Buches von Andreas Salcher (2013). Er greift damit ein uraltes Thema der Menschheitsgeschichte auf. Ein Leben lang können wir uns bemühen und kommen doch an kein Ende mit der Frage: Wer bin ich eigentlich? Kenne ich mich selbst? Und immer ist die Frage mit einer anderen verbunden: Wer bist du? Wer ist der andere? Kenne ich mich? Kenne ich dich? Bin ich mir selbst ein unbekanntes Wesen? Ist mir mein Nächster ein Rätsel?

Es gibt Momente und Situationen, wo wir vor uns selber erschrecken. Wir fragen uns: Wie konnte mir das passieren? Wie konnte ich mich so vergessen? Was gibt es da alles in mir, was ich gar nicht kannte? Was schlummert in mir, das da plötzlich erwachen konnte?

»Erkenne dich selbst!« – dieser Spruch stand über dem Tor des Apollo-Tempels in Delphi im alten Griechenland. Es ist eine Lebensaufgabe, denn nur wer sich selber halbwegs kennt, kann sich und anderen helfen.

Aber wie kommen wir zur Selbsterkenntnis? Sicher nicht von heute auf morgen. Es braucht Zeit und viel Erfahrung. Und eines ist sicher: Durch und durch erkennen werden wir uns nie selber. Immer bleiben wir uns selber in vieler Hinsicht »ein unbekanntes Wesen«, wie wir ja auch andere Menschen nur sehr begrenzt erkennen können. Das erfahren

Eheleute, die sich seit vielen Jahren intim kennen und einander doch immer auch ein Rätsel bleiben.

Anders ist das mit Jesus. Er sagt schlicht und einfach über »seine Schafe«: »Ich kenne sie.« Ist das anmaßend? Kennt uns Jesus wirklich? Kennt er uns besser, als wir uns selber kennen? Besser als unsere Eltern, Geschwister, Partner, Freunde uns jemals kennen können?

Es gehört zu den schönsten und trostvollsten Gewissheiten des Glaubens, dass Gott uns ganz und gar kennt. Das ist keine Drohung, denn er kennt uns nicht, um uns zu richten und zu verurteilen. Er ist nicht der Spion, der unsere innersten Geheimnisse herausfindet, um uns anzuklagen.

Im Psalm 139, einem Gebet der Bibel, kommt das besonders schön zum Ausdruck: »HERR, du hast mich erforscht und kennst mich. Ob ich sitze oder stehe, du kennst es. Du durchschaust meine Gedanken von fern. Ob ich gehe oder ruhe, du hast es gemessen. Du bist vertraut mit all meinen Wegen ... Von hinten und von vorn hast du mich umschlossen, hast auf mich deine Hand gelegt. Zu wunderbar ist für mich dieses Wissen, zu hoch, ich kann es nicht begreifen ... Du selbst hast mein Innerstes geschaffen, hast mich gewoben im Schoß meiner Mutter.

Zeit der liebenden Aufmerksamkeit

Ich danke dir, dass ich so staunenswert und wunderbar gestaltet bin. Ich weiß es genau: Wunderbar sind deine Werke.« Nicht die Angst vor einem Gott, der alles kontrolliert und kritisch vermerkt, spricht aus diesem Gebet, sondern das tiefe Vertrauen: Du kennst mich, bei dir bin ich geborgen.

Erkenne dich selbst! Das bleibt ein Lebensauftrag. Eine unschätzbare Hilfe dabei ist das Vertrauen: Gott kennt mich. Auch wenn ich mir selbst oft ein Rätsel bin, Er weiß um mich. Bei Ihm bin ich geborgen. Das sagt Jesus mit dem Bild des Hirten: »Ich gebe ihnen ewiges Leben. Sie werden niemals zugrundegehen und niemand wird sie meiner Hand entreißen.« Diese Zusage tut gut. Sie ist tragfähig für das ganze Leben.

Fünfter Sonntag der Osterzeit

Der Weg und die Wohnung

Lesejahr A

In jener Zeit sprach Jesus zu seinen Jüngern: Euer Herz lasse sich nicht verwirren. Glaubt an Gott und glaubt an mich! Im Haus meines Vaters gibt es viele Wohnungen. Wenn es nicht so wäre, hätte ich euch dann gesagt: Ich gehe, um einen Platz für euch vorzubereiten? Wenn ich gegangen bin und einen Platz für euch vorbereitet habe, komme ich wieder und werde euch zu mir holen, damit auch ihr dort seid, wo ich bin. Und wohin ich gehe – den Weg dorthin kennt ihr. Thomas sagte zu ihm: Herr, wir wissen nicht, wohin du gehst. Wie können wir dann den Weg kennen? Jesus sagte zu ihm: Ich bin der Weg und die Wahrheit und das Leben; niemand kommt zum Vater außer durch mich.

Wenn ihr mich erkannt habt, werdet ihr auch meinen Vater erkennen. Schon jetzt kennt ihr ihn und habt ihn gesehen. Philippus sagte zu ihm: Herr, zeig uns den Vater; das genügt uns. Jesus sagte zu ihm: Schon so lange bin ich bei euch und du hast mich nicht erkannt, Philippus? Wer mich gesehen hat, hat den Vater gesehen. Wie kannst du sagen: Zeig uns den Vater? Glaubst du nicht, dass ich im Vater bin und dass der Vater in mir ist? Die Worte, die ich zu euch sage, habe ich nicht aus mir selbst. Der Vater, der in mir bleibt, vollbringt seine Werke. Glaubt mir doch, dass ich im Vater bin und dass der Vater in mir ist; wenn nicht, dann glaubt aufgrund eben dieser Werke! Amen, amen, ich sage euch: Wer an mich glaubt, wird die Werke, die ich vollbringe, auch vollbringen und er wird noch größere als diese vollbringen, denn ich gehe zum Vater.

(JOHANNESEVANGELIUM 14,1–12)

Was nach dem Tod ist, wissen wir nicht. Wir haben nur Bilder, Ahnungen, Hoffnungen. Ich hatte einen lieben Onkel, der ein begeisterter Jäger war und ein ebenso begeisterter Autorallye-Fahrer. Er hatte viel Humor, bis zum letzten Atemzug. Die Welt »da drüben« stellte er sich ein wenig nach Indianerart vor, wenn er sich auf »die ewigen Jagdgründe« freute. Immerhin habe ich von ihm nicht gehört, dass er sich vom Leben im Jenseits erwartete, dort seinen Lieblingssport, das Rallye-Fahren, weiter ausüben zu können.

Es tut gut, sich selber zu fragen: Wie stelle ich mir das ewige Leben vor? Was erwarte ich mir »drüben«? Und was erwartet mich, wenn ich einmal hier alles zurücklassen muss? Jesus bietet uns heute ein starkes Bild, das wohl bei vielen ein besonderes Gefühl auslöst. Er spricht vom »Haus meines Vaters«. Dieses Bild ist sogar in die Umgangssprache eingegangen, zumindest bei der älteren Generation, wenn vom »himmlischen Vaterhaus« die Rede ist.

In unserer Zeit ist das Bild vom Vaterhaus für viele fremd geworden. Wir sprechen vom »Elternhaus« und meinen damit nicht nur das Gebäude, in dem wir mit unseren Eltern gelebt haben, wo wir aufgewachsen sind. Das Elternhaus meint auch die Familie, in die wir hineingeboren wurden, mit ihrer Geschichte, ihren Dramen und Freuden. So liegt es nahe, sich das ewige Leben unter dem Bild des »Zuhause« vorzustellen. Und von da ist es nicht mehr weit zu dem beliebten Wort von der »ewigen Heimat«.

Alle diese Bilder haben eines gemeinsam: Sie vermitteln das Gefühl von Heimkommen. Endlich werden wir einmal aus der Unruhe des irdischen Lebens in eine »Bleibe« kommen, in der wir wirklich zu Hause sein werden. Jesus gebraucht dafür ein weiteres Bildwort: »Ich gehe, um einen Platz für euch vorzubereiten.« Seine Botschaft an uns lautet daher: Ihr sollt wissen, ich habe für euch gesorgt. Es ist ein Platz für euch bereit. Ihr werdet dort, nach dem irdischen Tod, nicht in ein wildfremdes Land kommen. Ich selber werde für euch sorgen. Ihr werdet von mir willkommen geheißen. Alles ist für euch vorbereitet: Ich »werde euch zu mir holen, damit auch ihr dort seid, wo ich bin«.

Wir können uns ganz und gar nicht vorstellen, wie das Leben da drüben aussieht. Aber Jesus will uns eine Gewissheit geben: Ich selber werde für euch da sein. Bei mir werdet ihr geborgen sein.

Eine Frage bleibt freilich: Wie den Weg dorthin finden? Sicher ist nur, dass wir einmal sterben müssen. In einem Kirchenlied heißt es: »Gar manche Wege führen uns aus dieser Welt hinaus. O dass wir nicht verlieren den Weg zum Vaterhaus.« Die Antwort Jesu ist wieder ganz einfach. Er geht uns voraus, um uns einen Platz zu bereiten. Also kennt er den Weg. Daher müssen wir nur mit ihm gehen, auf seinen Spuren. »Ich bin der Weg«, sagt er eindeutig. Den Weg zum Vaterhaus finden wir, wenn wir Jesus als unseren Weg gefunden haben.

Das klingt alles ganz klar und eindeutig. Im Alltag ist es oft recht kompliziert. Vieles verwirrt uns. Der Weg ist nicht leicht zu finden. Deshalb sagt Jesus, wieder ganz einfach: »Glaubt an Gott und glaubt an mich.« Vertraut mir! Dann findet ihr sicher nach Hause!

Was mich der Weinstock lehrt

Lesejahr B

> In jener Zeit sprach Jesus zu seinen Jüngern: Ich bin der wahre Weinstock und mein Vater ist der Winzer. Jede Rebe an mir, die keine Frucht bringt, schneidet er ab und jede Rebe, die Frucht bringt, reinigt er, damit sie mehr Frucht

bringt. Ihr seid schon rein kraft des Wortes, das ich zu euch gesagt habe. Bleibt in mir und ich bleibe in euch. Wie die Rebe aus sich keine Frucht bringen kann, sondern nur, wenn sie am Weinstock bleibt, so auch ihr, wenn ihr nicht in mir bleibt. Ich bin der Weinstock, ihr seid die Reben. Wer in mir bleibt und in wem ich bleibe, der bringt reiche Frucht; denn getrennt von mir könnt ihr nichts vollbringen. Wer nicht in mir bleibt, wird wie die Rebe weggeworfen und er verdorrt. Man sammelt die Reben, wirft sie ins Feuer und sie verbrennen. Wenn ihr in mir bleibt und meine Worte in euch bleiben, dann bittet um alles, was ihr wollt: Ihr werdet es erhalten. Mein Vater wird dadurch verherrlicht, dass ihr reiche Frucht bringt und meine Jünger werdet.

(JOHANNESEVANGELIUM 15,1–8)

Wenn ich in Retz im nördlichen Niederösterreich in den Weinbergen spazierengehe, staune ich immer neu über die Weinstöcke und über die Arbeit der Winzer. Ich gestehe, dass ich eine besondere Liebe zum Retzer Land habe, seit ich als Sechzehnjähriger (das ist schon lange her) zum ersten Mal das dortige Dominikanerkloster kennengelernt habe. Im Orden der Dominikaner fand ich den richtigen Ort für meine Berufung. Ihm verdanke ich so viel in meinem Leben. Jahrhundertelang hat das Kloster Weinbau betrieben. Die tiefen, uralten Keller geben heute noch Zeugnis von dieser Zeit.

Der Weinskandal von 1985, der auch Retz betroffen hat, war zugleich ein Tiefpunkt und ein Wendepunkt für Österreichs Weinproduktion. Es kam zu einem völligen Umdenken. So schmerzlich die damaligen direkten Folgen des »Glykol-Skandals« waren, so segensreich waren die langfristigen Folgen für den heimischen Weinbau.

Warum ich das erwähne? Weil es direkt mit dem heutigen Evangelium zu tun hat. Jesus nennt sich selber den wahren Weinstock; Gott, seinen Vater, nennt er den Winzer und uns die Rebzweige. Alles dreht sich um die Frucht, denn ohne sie gibt es keinen Wein, und der Winzer will, dass seine Weinstöcke »mehr Frucht« bringen. Die ganze Arbeit des Winzers besteht darin, zu schauen, dass sein Weingarten »reiche Frucht« bringt. So beschreibt Jesus das, was er aus der Erfahrung seiner Heimat kennt: »Jede Rebe an mir, die keine Frucht bringt, schneidet er ab, und jede Rebe, die Frucht bringt, reinigt er, damit sie mehr Frucht bringt.«

Der Winzer muss kräftig hineinschneiden, zurechtstutzen, sonst treiben die Rebzweige zu sehr aus, schießen ins Kraut und rauben den Saft, den die Trauben brauchen. Mich beeindruckt das immer, zuzusehen, wie mutig der Winzer die Reben zusammenschneidet. Es geht immer darum, mehr Frucht zu gewinnen.

Was aber heißt »mehr Frucht bringen«? Geht es nur um Quantität? Noch mehr Wein, noch größeren Gewinn? Gerade der Weinskandal hat gelehrt, dass bessere Qualität auf die Dauer erfolgreicher ist. Jesus geht es um gute Frucht. Um die Qualität unseres Lebens. Um Frucht, die Freude macht. Dazu sagt er uns ein schlichtes, klares Wort: »Getrennt von mir könnt ihr nichts vollbringen.« Wie Rebzweige nichts hervorbringen, wenn sie vom Weinstock abgeschnitten sind, so bringt unser Leben nur Frucht, wenn es mit Jesus, dem Weinstock, verbunden bleibt. Das Bild ist so deutlich und klar: Halte die Verbindung mit Gott! Er macht das Leben lebendig. Er ist der Lebensquell.

»Mein Vater ist der Winzer.« Der Winzer schneidet kräftig an den Rebzweigen. Wo ist Gott, der Winzer, in meinem Leben? Wo schneidet er in mein Leben hinein? Wo stutzt er weg, was scheinbar nach blühendem Leben aussieht? Einschnitte in unserem Leben tun weh. Verluste, Trennungen, schmerzliche Enttäuschungen. Kann es sein, dass Gott mich von Illusionen befreien, mich von Stolz und Hochmut reinigen will? Eine Krankheit kann eine tiefe Läuterung bringen, ein Misserfolg kann mich menschlicher machen, freier von Egoismus. Es ist nicht immer gleich sichtbar, dass Gott, der Winzer, mir nicht übel will. Sicher ist, dass er Freude daran hat, wenn wir echte, gute, reife Frucht bringen wie die Trauben am Weinstock.

Freude an der Liebe

Lesejahr C

Als Judas vom Mahl hinausgegangen war, sagte Jesus: Jetzt ist der Menschensohn verherrlicht und Gott ist in ihm verherrlicht. Wenn Gott in ihm verherrlicht ist, wird auch Gott ihn in sich verherrlichen und er wird ihn bald verherrlichen. Meine Kinder, ich bin nur noch kurze Zeit bei euch. Ein neues Gebot gebe ich euch: Liebt einander! Wie ich euch geliebt habe, so sollt auch ihr einander lieben. Daran werden alle erkennen, dass ihr meine Jünger seid: wenn ihr einander liebt.

(JOHANNESEVANGELIUM 13,31–33A.34–35)

Daran werden alle erkennen, dass ihr meine Jünger seid: wenn ihr einander liebt! Mich »reißt« es immer bei diesem Wort Jesu. Ich weiß sicher: Ja, es stimmt, nichts ist glaubwürdiger als echte Liebe. Zugleich bemerke ich: Wie wenig gelingt uns das, uns, die wir behaupten, Christen zu sein, Jünger Jesu. Das Wort Jesu ist stimmig: Glaubhaft ist nur echte, ungeheuchelte, gelebte Liebe. Und da diese nicht so leicht und selbstverständlich gelingt, ist auch das Christentum, so wie wir es leben, oft nicht besonders glaubwürdig.

Das muss Jesus selber gewusst haben. Denn er spricht von einem »neuen Gebot«. Um es zu verwirklichen, braucht es also etwas mehr als das Alte, das Selbstverständliche und Gewohnte. Was ist neu an diesem Gebot: Liebt einander? Tun wir das denn nicht eh schon? Zumindest wünschen wir es uns, hoffen darauf, sehnen uns danach. Wer wünscht sich nicht, dass die Liebe gelingt?

Papst Franziskus hat im Jahr 2016 sein großes Schreiben über die Familie veröffentlicht mit dem Titel »Amoris laetitia«, deutsch »Die Freude der Liebe«. Ich durfte es in Rom vorstellen. In seiner anschaulichen, lebensnahen Art spricht Papst Franziskus von dem, was die Liebe in der Ehe, in der Familie gelingen lässt und was sie gefährdet oder gar scheitern lässt. Vor allem aber bringt er seine Überzeugung zum Ausdruck, dass die Liebe möglich ist und dass sie Freude schenkt.

Bei Hochzeiten wird gern als Bibeltext das »Hohelied der Liebe« gelesen, das im 13. Kapitel des ersten Korintherbriefs des Apostels Paulus steht. Viele Brautpaare sehen in diesem wunderschönen Text so etwas wie »die Charta der geglückten Liebe«. Papst Franziskus widmet diesem berühmten und berührenden Text ein ganzes Kapitel seines Schreibens. »Hätte ich die Liebe nicht«, so nützt mir alles andere nichts, sagt Paulus, um dann aufzuzählen, was alles echte Liebe ausmacht: »Die Liebe ist langmütig, die Liebe ist gütig. Sie eifert sich nicht, sie prahlt nicht, sie bläht sich nicht auf. Sie handelt nicht ungehörig, sucht nicht ihren Vorteil, lässt sich nicht zum Zorn reizen, trägt das Böse nicht nach. Sie freut sich nicht über das Unrecht, sondern freut sich an der Wahrheit. Sie erträgt alles, glaubt alles, hofft alles, hält allem stand. Die Liebe hört niemals auf ... Für jetzt bleiben Glaube, Hoffnung, Liebe, diese drei; doch am größten unter ihnen ist die Liebe.«

Es ist eigenartig: Dieses große Loblied auf die Liebe begeistert, reißt mit. Es passt zur Freude einer Hochzeit. Zugleich müssen wir zugeben: Leicht und einfach ist das alles nicht, was da von der Liebe gesagt wird. Wer schafft das? Kann das jemals wirklich gelingen? Ich denke, dass deshalb Jesus es das »neue Gebot« nennt. Die Erfahrung zeigt: Die Liebe ist ein Weg. Und ein Ziel. Wir sind ein Leben lang auf dem Weg zu diesem Ziel. Das so beeindruckende Schreiben von Papst Franziskus über »die Freude der Liebe« macht Mut, sich auf diesen Weg zu machen und auf ihm zu bleiben.

Sechster Sonntag
der Osterzeit

Was tröstet?

Lesejahr A

In jener Zeit sprach Jesus zu seinen Jüngern: Wenn ihr mich liebt, werdet ihr meine Gebote halten. Und ich werde den Vater bitten und er wird euch einen anderen Beistand geben, der für immer bei euch bleiben soll, den Geist der Wahrheit, den die Welt nicht empfangen kann, weil sie ihn nicht sieht und nicht kennt. Ihr aber kennt ihn, weil er bei euch bleibt und in euch sein wird. Ich werde euch nicht als Waisen zurücklassen, ich komme zu euch. Nur noch kurze Zeit und die Welt sieht mich nicht mehr; ihr aber seht mich, weil ich lebe und auch ihr leben werdet. An jenem Tag werdet ihr erkennen: Ich bin in meinem Vater, ihr seid in mir und ich bin in euch. Wer meine Gebote hat und sie hält, der

> ist es, der mich liebt; wer mich aber liebt, wird von meinem Vater geliebt werden und auch ich werde ihn lieben und mich ihm offenbaren.
> (JOHANNESEVANGELIUM 14,15–21)

Trost gut tut. Ein lieber Mensch ist gestorben. Der Schmerz ist wie eine Wunde. Das Fehlen tut weh. Was kann in solchen Stunden, Tagen trösten? Es gibt so viele Situationen, in denen uns Trost gut täte. Aber wo finden wir ihn? In der Natur? Sicher kann es helfen, einfach die Schönheit der Schöpfung auf uns wirken zu lassen. Aber es gibt auch die andere Erfahrung, dass uns die Natur wie fremd erscheint. Sie kümmert sich nicht um meinen Schmerz. Sie trauert nicht mit mir. Da kann dann leicht die Versuchung kommen, Trost anderswo zu suchen. Für manche können das Süßigkeiten sein, die Wohlbefinden versprechen. Andere glauben, Trost im Alkohol zu finden. Sie versuchen, den Kummer auf diese Weise zu ertränken. Ein Weg wird oft eingeschlagen: die Trauer mit viel Abwechslung zu töten, ständig Zerstreuung zu suchen. Es ist wie eine Flucht vor dem Schmerz. Heilung bringen diese Auswege nicht. Sie lassen uns nur noch trostloser zurück.

Sechster Sonntag der Osterzeit

Den Jüngern Jesu steht ein schmerzlicher Abschied bevor, und Jesus bereitet sie liebevoll darauf vor. Nur noch kurze Zeit wird er bei ihnen sein. Er wird nicht mehr sichtbar unter ihnen sein. Er weiß, dass sie sich ganz auf ihn verlassen. Er ist ihr Vorbild, ihr Meister. Seine Nähe ist ihnen Trost und Sicherheit. Was werden sie tun, wenn er nicht mehr da ist? Schon allein dieser Gedanke macht ihnen Angst.

Da sagt ihnen Jesus ein sehr tröstliches Wort: »Ich werde euch nicht als Waisen zurücklassen.« Und er gibt ihnen ein feierliches Versprechen: »Ich werde den Vater bitten, und er wird euch einen anderen Beistand geben.« Das Wort, das Jesus hier gebraucht, kann auch anders übersetzt werden: einen anderen Fürsprecher, Anwalt oder Tröster. Jesus spricht von einem Tröster, »der für immer bei euch bleiben soll«. Er spricht vom Geist, den wir empfangen sollen. Dieser Beistand, Anwalt, Tröster ist der Heilige Geist. Mehrmals hat Jesus zugesagt, er werde dafür sorgen, dass wir nicht trostlos zurückbleiben. Zu Pfingsten, das in zwei Wochen gefeiert wird, hat er dieses Versprechen eingelöst und seinen Geist gesandt.

Wie wirkt dieser Tröster, den Jesus ankündigt? Die Erfahrung zeigt, dass Trost nicht so sehr von

Dingen ausgeht, sondern von Menschen. Die Frage ist nicht, was tröstet, sondern wer tröstet. Vieles kann tröstlich sein, die Schönheit der Natur, ein vertrautes Haustier, ja auch, warum nicht, ein gutes Glas Wein. Aber all das wird nie den Trost ersetzen, den ein aufmerksamer, liebevoller Mensch schenken kann.

Doch da kommt noch eine weitere Erfahrung dazu. Wer tiefe Trauer um den Verlust eines geliebten Menschen erlebt, den werden andere Menschen nie ganz über den Schmerz hinwegtrösten können, selbst wenn sie noch so einfühlsam sind. Letzten Trost findet das menschliche Herz in Gott. Das geht nicht immer gleich gut. Das braucht Zeit und Geduld. Ich glaube, dass Jesus darin die Aufgabe des »anderen Trösters« gesehen hat: unser Herz zu öffnen für den liebenden Gott, der einmal alle Tränen abwischen wird.

Ich nenne euch Freunde

Lesejahr B

In jener Zeit sprach Jesus zu seinen Jüngern: Wie mich der Vater geliebt hat, so habe auch ich euch geliebt. Bleibt in meiner Liebe! Wenn ihr meine Gebote haltet, werdet ihr in meiner Liebe bleiben, so wie ich die Gebote meines Vaters gehalten habe und in seiner Liebe bleibe. Dies habe ich euch gesagt, damit meine Freude in euch ist und damit eure Freude vollkommen wird. Das ist mein Gebot, dass ihr einander liebt, so wie ich euch geliebt habe. Es gibt keine größere Liebe, als wenn einer sein Leben für seine Freunde hingibt. Ihr seid meine Freunde, wenn ihr tut, was ich euch auftrage. Ich nenne euch nicht mehr Knechte; denn der Knecht weiß nicht, was sein Herr tut. Vielmehr habe ich euch Freunde genannt; denn ich habe euch alles mitgeteilt, was ich von meinem Vater gehört habe. Nicht ihr habt mich erwählt, sondern ich habe euch erwählt und dazu bestimmt, dass ihr euch aufmacht und Frucht bringt und dass eure Frucht bleibt. Dann wird euch der Vater alles geben, um was ihr ihn in meinem Namen bittet. Dies trage ich euch auf, dass ihr einander liebt.

(Johannesevangelium 15,9–17)

Jesus nennt seine Jünger Freunde: »Ich nenne euch nicht mehr Knechte; denn der Knecht weiß nicht, was sein Herr tut. Vielmehr habe ich euch Freunde genannt; denn ich habe euch alles mitgeteilt, was ich von meinem Vater gehört habe.«

Freundschaft ist für mich ein Schlüsselwort im Leben. Freunde zu haben, Freunde zu werden ist etwas vom Kostbarsten im Leben. Aber was macht Freundschaft wirklich aus? Kann man im Leben viele Freunde haben? Wann ist jemand einfach ein guter Bekannter, wann wird jemand zu einem wirklichen Freund? Was braucht es, damit aus einer Bekanntschaft eine Freundschaft wird? Wie sieht es aus mit Freundschaft zwischen sehr ungleichen Menschen, zum Beispiel zwischen Alten und Jungen? Oder zwischen Menschen ganz unterschiedlicher Kulturen? Und wie ist es mit der Freundschaft zwischen Mann und Frau? Wir spüren: Das Thema Freundschaft berührt das Herz. Es geht um etwas

Kostbares, das gehütet und gepflegt werden muss. Verletzungen einer echten Freundschaft schmerzen tief. Versöhnung zwischen Freunden, die in Konflikt geraten sind, gehört zu den schönsten Erfahrungen.

Freundschaft mit Jesus, wie sieht das aus? Gibt es Freundschaft mit Gott? Ist der Abstand zwischen uns und Gott nicht viel zu groß, um eine echte Freundschaft zu ermöglichen?

Ein Wort Jesu beunruhigt mich: »Ihr seid meine Freunde, wenn ihr tut, was ich euch auftrage.« Heißt das: Du bist mein Freund, wenn du tust, was ich will? Ich fürchte, diese Vorstellung sitzt tief in unseren Herzen: Gott mag mich, wenn ich brav bin. Gott straft mich, wenn ich etwas falsch mache. Freundschaft mit Gott, das hängt davon ab, ob ich genau das tue, was Gott von mir erwartet. Dieses Gottesbild hat viele Menschen vom Glauben an Gott weggebracht. Es ist das Bild von einem Gott, der ständig damit droht, uns seine Liebe und Zuwendung zu entziehen. Es ist das Bild eines launischen, tyrannischen, kleinlichen Gottes, der alles kontrolliert und kritisiert, dem wir Menschen im Grunde es nie recht machen können.

Wie anders ist das, was Jesus sagt und tut: »Wie mich der Vater geliebt hat, so habe auch ich euch geliebt. Bleibt in meiner Liebe!« Jesus schenkt seine Freundschaft nicht mit Vorbehalt. Seine Freundschaft zu uns hängt nicht davon ab, ob wir immer alles richtig machen. Sie ist bedingungslos, sie ist sein Geschenk an uns, ohne Vorleistung von unserer Seite. Der Grund dafür ist sehr einfach: Er hat uns zuerst geliebt! Deshalb können wir ihn »zurücklieben«.

Freundschaft braucht Pflege. Wer für seine Freunde nie Zeit hat, dem werden die Freunde fremd. Wer nie von sich aus Zeichen der Freundschaft setzt, dem wird die Beziehung zu den Freunden verwelken. Papst Franziskus sagt es mit einfachen Worten: »Merkmale einer guten Freundschaft sind: Streben nach dem Wohl des anderen, Gegenseitigkeit, Vertrautheit, Zärtlichkeit, Festigkeit ...« Wenn eine Freundschaft sich viele Jahre bewährt hat, wächst zwischen den Freunden die Ähnlichkeit.

Freundschaft mit Jesus kann nur wachsen, wenn sie gepflegt wird. Es braucht Zeit, Aufmerksamkeit und vor allem Liebe. Denn die Freundschaft ist eine Antwort auf jemanden, der uns seine ganze Liebe geschenkt hat.

Schalom, Salam, Friede

Lesejahr C

In jener Zeit sprach Jesus zu seinen Jüngern: Wenn jemand mich liebt, wird er mein Wort halten; mein Vater wird ihn lieben und wir werden zu ihm kommen und bei ihm Wohnung nehmen. Wer mich nicht liebt, hält meine Worte nicht. Und das Wort, das ihr hört, stammt nicht von mir, sondern vom Vater, der mich gesandt hat. Das habe ich zu euch gesagt, während ich noch bei euch bin. Der Beistand aber, der Heilige Geist, den der Vater in meinem Namen senden wird, der wird euch alles lehren und euch an alles erinnern, was ich euch gesagt habe. Frieden hinterlasse ich euch, meinen Frieden gebe ich euch; nicht, wie die Welt ihn gibt, gebe ich ihn euch. Euer Herz beunruhige sich nicht und verzage nicht. Ihr habt gehört, dass ich zu euch sagte: Ich gehe fort und komme wieder zu euch. Wenn ihr mich liebtet, würdet ihr euch freuen, dass ich zum Vater gehe; denn der Vater ist größer als ich. Jetzt schon habe ich es euch gesagt, bevor es geschieht,

damit ihr, wenn es geschieht, zum Glauben kommt.
(JOHANNESEVANGELIUM 14,23–29)

Im Orient war und ist es noch heute ein schöner Brauch, zur Begrüßung und zum Abschied einander den Frieden zu wünschen. In Israel grüßt man mit »Schalom«, in den arabisch sprechenden Ländern mit »as-salam alaikum«, »der Friede sei über euch«. Wie sehr gerade dieser Teil der Welt nach Frieden hungert und dürstet, hören und sehen wir täglich in den Nachrichten. Wer mit Flüchtlingen aus Syrien, Irak, Afghanistan gesprochen hat, wer ein wenig von ihren Schicksalen gehört hat, ahnt, warum das Wort Friede in dieser Region der übliche Gruß, der gegenseitige Wunsch ist.

Jesus hat oft mit diesen Worten gegrüßt. Aber er hat mehr getan. Er hat Frieden nicht nur gewünscht, sondern gebracht. Er hat Frieden nicht nur erhofft, sondern geschenkt: »Frieden hinterlasse ich euch, meinen Frieden gebe ich euch.« Hat Jesus einen eigenen Frieden zu geben? Worin besteht er? Es sei, sagt Jesus, ein anderer Friede, als »die Welt ihn gibt«.

Was wäre das für ein Segen, wenn zum Beispiel in Syrien ein wirklich haltbarer Waffenstillstand zustande käme, nach so viel Krieg. Diesen Frieden kann und muss »die Welt« geben, indem die großen Mächte endlich aufhören, Waffen zu liefern und ihre Machtspiele auf Kosten der leidenden Menschen zu veranstalten. Aber das ist noch nicht der Friede, von dem Jesus spricht. Wenn die Waffen schweigen, kann erst der echte Friedensweg beginnen. Wissen wir bei uns in Österreich, was für ein kostbares Gut der soziale Friede ist? Diesen gibt es nur dort, wo eine unabhängige und korrekte Justiz, öffentliche Sicherheit und gesunde wirtschaftliche Verhältnisse herrschen. Für uns ist das alles selbstverständlich. Wir leben seit siebzig Jahren in Frieden. In weiten Teilen der Welt können die Menschen davon nur träumen. Darum ist Österreich für viele ein Traumland des Friedens.

Und doch ist das noch nicht der Friede, den Jesus gibt. Den Frieden Jesu gibt es auch in Flüchtlingslagern, auf Krankenbetten, bei Sterbenden. Er kommt von anderswo. Jesus spricht heute eine große Verheißung aus: Wer ihn liebt und an seinem Wort festhält, der wird eine ganz tiefe Erfahrung des Friedens machen: »Wir werden zu ihm kommen und bei ihm wohnen«, verspricht Jesus. »Mit Gott unter einem Dach leben«, so könnte man sagen. Es gibt keinen friedlicheren Hausgenossen als Gott selber. Daher ist das Wichtigste im Leben, mit Gott in Frieden zu sein.

Wie kommen wir zum Frieden mit Gott? Jesus hat auch hier vorgesorgt: Er hat uns einen »Beistand« versprochen, einen Anwalt, Fürsprecher, Tröster. So nennt Jesus den Heiligen Geist. Gott ist nicht gegen uns. Auch wenn wir Fehler machen, über uns selbst traurig und enttäuscht sind, Gott ist unser Verteidiger. Er tröstet uns und richtet uns auf. Er zeigt uns den Weg und erinnert uns an Jesus und an das, was er uns gesagt hat.

Weil Jesus uns den Heiligen Geist geschickt hat, kann er sagen: »Euer Herz beunruhige sich nicht und verzage nicht!« Ist das nicht alles zu schön, um wahr zu sein? Gibt es diesen Frieden, diesen Trost? Ist Gott wirklich für uns? Ich glaube das. Ich vertraue darauf. Mit gutem Grund!

Christi Himmelfahrt

Erinnerung an Teheran

> In jener Zeit gingen die elf Jünger nach Galiläa auf den Berg, den Jesus ihnen genannt hatte. Und als sie Jesus sahen, fielen sie vor ihm nieder, einige aber hatten Zweifel. Da trat Jesus auf sie zu und sagte zu ihnen: Mir ist alle Vollmacht gegeben im Himmel und auf der Erde. Darum geht und macht alle Völker zu meinen Jüngern; tauft sie auf den Namen des Vaters und des Sohnes und des Heiligen Geistes und lehrt sie, alles zu befolgen, was ich euch geboten habe. Und siehe, ich bin mit euch alle Tage bis zum Ende der Welt.
> (MATTHÄUSEVANGELIUM 28,16–20)

Geht zu allen Völkern! Macht alle Menschen zu meinen Jüngern! Das ist der Auftrag, den Jesus hinterlassen hat vor seiner »Himmelfahrt«, die dem heutigen Fest den Namen gegeben hat. Beim Lesen des heutigen Evangeliums ist mir eine Erinnerung in den Sinn gekommen, die sich mir tief eingeprägt hat.

Im Jahr 2001 war ich im Iran, eingeladen von den muslimischen Autoritäten dieses Landes. Zu meinem Programm gehörte auch ein Vortrag an der streng islamischen Imam-Sadr-Universität in Teheran. Ich überraschte meine Zuhörer, indem ich mit dem heutigen Evangelium begann. Ich sagte ihnen, dass wir Christen von Jesus den Auftrag haben, zu allen Völkern zu gehen und alle Menschen zu Jüngern Jesu zu machen. Und ich erklärte ihnen, dass wir Christen nie auf diesen Missionsauftrag Jesu verzichten können, da wir sonst keine Christen mehr wären. Bei diesen Worten spürte ich eine gespannte Stille bei meinen Zuhörern. Noch ernster wurde die Atmosphäre, als ich hinzufügte, dass wir Christen auch davon ausgehen, dass Jesus uns die ganze Wahrheit offenbart hat und dass wir daher glauben, dass die Lehre Jesu wahr und gültig ist, auch heute noch.

Doch dann erinnerte ich die aufmerksam zuhörenden Studenten daran, dass ja wohl auch sie davon überzeugt sind, der Islam sei die wahre Religion, die Gott durch den Propheten Mohammed geoffenbart hat und die im Koran enthalten ist. Und zudem wissen wir, so erklärte ich ihnen, dass auch sie einen

Auftrag hätten, der sich an alle Menschen richtet. Ihre »Mission« wäre es, alle Menschen zur Annahme des Islam zu bringen, der die endgültige Offenbarung Gottes sei.

Ich spürte an den fragenden Blicken der Studenten die Spannung: Wie wird er diesen unausweichlichen Konflikt lösen? Beide Religionen richten sich an alle Menschen. Beide glauben, Gottes letztgültige Wahrheit zu bringen. Beide Religionen sind missionarisch, wollen alle Menschen für ihren Glauben gewinnen. Ich fragte deshalb die Studenten: Bleibt da eine andere Lösung als ein schrecklicher Religionskrieg? Müssen unsere beiden Religionen jede für den eigenen Sieg und die völlige Unterwerfung der anderen Religion kämpfen? Ist das viele schöne Reden vom Dialog der Religionen nicht eine Augenauswischerei? Kann es zwischen unseren beiden Religionen überhaupt ein friedliches Nebeneinander oder gar ein Miteinander geben?

Mit dieser Frage war die Spannung am Höhepunkt. Beide Seiten wissen wir, dass wir einander jahrhundertelang immer wieder auf Leben und Tod bekämpft haben, auch wenn es dazwischen Zeiten des friedlichen Zusammenlebens gab. Mir ging es aber nicht um die Vergangenheit, sondern um heute und morgen. Werden wir einen Weg der gegenseitigen Achtung finden? Oder geht es uns eher so wie damals den Jüngern Jesu: »Einige aber hatten Zweifel«?

Meinen Hörern in Teheran schlug ich eine Lösung vor. Wir, Christen und Muslime, haben eines gemeinsam: Gott wird uns einmal nicht nach unserer Religion fragen, sondern nur nach einem: Wie warst du zu deinem Nächsten? Hast du dich um Gerechtigkeit und Versöhnung bemüht? Hast du Hass gesät oder Frieden gestiftet? Und wir wissen: Ohne Gottes Hilfe schaffst das keiner. Deshalb ist es so tröstlich, dass Jesus uns versprochen hat: »Ich bin bei euch alle Tage bis ans Ende der Welt!«

Wie sieht der Himmel aus?

Im ersten Buch, lieber Theophilus, habe ich über alles berichtet, was Jesus von Anfang an getan und gelehrt hat, bis zu dem Tag, an dem er in den Himmel aufgenommen wurde. Vorher hat er den Aposteln, die er sich durch den Heiligen Geist erwählt hatte, Weisung gegeben.

Christi Himmelfahrt

Ihnen hat er nach seinem Leiden durch viele Beweise gezeigt, dass er lebt; vierzig Tage hindurch ist er ihnen erschienen und hat vom Reich Gottes gesprochen. Beim gemeinsamen Mahl gebot er ihnen: Geht nicht weg von Jerusalem, sondern wartet auf die Verheißung des Vaters, die ihr von mir vernommen habt! Denn Johannes hat mit Wasser getauft, ihr aber werdet schon in wenigen Tagen mit dem Heiligen Geist getauft werden. Als sie nun beisammen waren, fragten sie ihn: Herr, stellst du in dieser Zeit das Reich für Israel wieder her? Er sagte zu ihnen: Euch steht es nicht zu, Zeiten und Fristen zu erfahren, die der Vater in seiner Macht festgesetzt hat. Aber ihr werdet Kraft empfangen, wenn der Heilige Geist auf euch herabkommen wird; und ihr werdet meine Zeugen sein in Jerusalem und in ganz Judäa und Samarien und bis an die Grenzen der Erde. Als er das gesagt hatte, wurde er vor ihren Augen emporgehoben und eine Wolke nahm ihn auf und entzog ihn ihren Blicken. Während sie unverwandt ihm nach zum Himmel emporschauten, siehe, da standen zwei Männer in weißen Gewändern bei ihnen und sagten: Ihr Männer von

Galiläa, was steht ihr da und schaut zum Himmel empor? Dieser Jesus, der von euch fort in den Himmel aufgenommen wurde, wird ebenso wiederkommen, wie ihr ihn habt zum Himmel hingehen sehen.
(APOSTELGESCHICHTE 1,1–11)

Was bedeutet »Christi Himmelfahrt«? Und was meint die Ankündigung: »Er wird wiederkommen?« In einem Land mit tief verwurzelter christlicher Tradition müssten wir annehmen, dass beides, die »Himmelfahrt Christi« und seine erwartete Wiederkunft, für die meisten Menschen bekannte und vertraute Inhalte des christlichen Glaubens sind. Beide stehen ja im Glaubensbekenntnis der Kirche, das bei so vielen Anlässen gesprochen wird, bei Taufen und Hochzeiten, bei Begräbnissen und vor allem in jeder Sonntagsmesse.

Alle wissen wir, dass heute »Christi Himmelfahrt« gefeiert wird, und viele freuen sich über einen freien Tag. Was aber ist wirklich damit gemeint? Ich versuche es in einfachen Worten zu sagen: Christi Himmelfahrt heißt: Jesus ist nicht mehr so in dieser Welt wie damals, als er hier lebte. Aber er ist auch nicht einfach weg. Er ist von uns gegangen und bleibt doch nahe. Er hat es selber gesagt: »Ich bin bei euch, alle Tage, bis zum Ende der Zeit.«

Wie ist das zu verstehen? Er ist »im Himmel« und doch da bei uns? Sicher nicht »halb-und-halb«, bisschen »dort oben« und bisschen »hier unten«. Er ist kein »Pendler« zwischen zwei Welten, so wie heute viele oft mühsam zwischen Wohnort und Arbeitsplatz pendeln müssen.

Wenn ein lieber Mensch stirbt, ist es immer ein trauriger Abschied. Wir glauben zwar, dass die Verstorbenen nicht einfach »weg« sind. Es bleibt eine Verbundenheit. Am Anfang ist die Erinnerung noch ganz lebendig, aber mit den Jahren verblasst sie. »Aus den Augen, aus dem Sinn«, das erleben wir manchmal schmerzlich auch ganz lieben Verstorbenen gegenüber. Wie sollen wir uns den Himmel vorstellen? Wie die Auferstehung von den Toten? Wie das ewige Leben?

Mir hilft ein Wort im heutigen Abschnitt aus der Bibel. Es lädt uns ein, den Blick zu wenden, uns nicht in Spekulationen über den Himmel zu verlieren: Während die Jünger »unverwandt ihm nach zum Himmel emporschauten, siehe, da standen zwei Männer in weißen Gewändern bei ihnen und sagten: Ihr Männer von Galiläa, was steht ihr da und schaut zum Himmel empor?« Und sie verheißen ihnen: »Dieser Jesus, der von euch fort in den Himmel aufgenommen wurde, wird ebenso wiederkommen, wie ihr ihn habt zum Himmel hingehen sehen.«

Was schaut ihr zum Himmel? Kümmert euch um die Erde! Es ist, als wollten diese Himmelsboten sagen: Bringt ein Stück Himmel auf die Erde! Du musst nicht wissen, wie es einmal im Himmel sein wird. Aber du kannst schon hier auf Erden ein Stück Himmel verwirklichen. Du kannst dir nicht vorstellen, wie das ewige Leben im Himmel für dich einmal sein wird. Aber du kannst eine Ahnung des Himmels schon hier in deinem Leben spürbar machen, für dich und andere.

Ich vertraue dem Bericht des Evangelisten Lukas in der Apostelgeschichte, der als Einziger von der Himmelfahrt Jesu gesprochen hat. Glaubwürdig ist mir sein Bericht, weil er so nüchtern ist. Er enthält einen schlichten und klaren Auftrag: »Ihr werdet meine Zeugen sein in Jerusalem und in ganz Judäa und Samarien und bis an die Grenzen der Erde.«

Was damals in Jerusalem begonnen hat, ging bis an die Grenzen der Erde. Von diesem kleinen Anfang aus, damals, vor zweitausend Jahren, gelangte das Evangelium Jesu in alle Welt, zu allen Menschen. Und überall, wo Menschen die Botschaft Jesu wirklich leben, wird ein wenig vom Himmel auf Erden spürbar: wo Menschen einander verzeihen, wo Arme nicht verachtet, wo Heimatlose aufgenommen werden, wo Frieden gestiftet, wo Güte gelebt wird, wo Kranke umsorgt und Sterbende begleitet werden. Mit einem Wort: Wo die Liebe herrscht, da ist ein Stück Himmel auf Erden angekommen.

Das Fest Christi Himmelfahrt hat einen ganz praktischen Auftrag: dass wir alle dazu beitragen, jetzt und hier schon etwas vom Himmel erfahrbar zu machen.

Die Erinnerung an Jesus ist in den zweitausend Jahren seit seiner Auferstehung und Himmelfahrt nicht verblasst. Ich kann mir das nur so erklären, dass seit damals ununterbrochen bis heute Menschen erleben, dass Jesus Wort gehalten hat: »Ich bin bei euch, alle Tage ...« Er ist ganz bei Gott und ganz bei uns. Das meint das heutige Fest.

Damit wird auch die zweite Verheißung verständlich: Jesus »wird ebenso wiederkommen, wie ihr ihn habt zum Himmel hingehen sehen«. So wie die Himmelfahrt Jesu keine »Raumfahrt« bedeutet, so ist auch seine Wiederkunft nicht eine Art Landung von Außerirdischen.

Gewiss, es wird einmal ein »Ende der Welt« geben. Aber darüber sollen wir nicht spekulieren. Das liegt allein in Gottes Hand! Sicher aber ist, dass Christus jetzt schon kommt. Immer wenn er bei einem Menschen an die Tür seines Lebens klopft, ist das schon ein Stück seiner »Wiederkunft«. Und wer ihm aufmacht, wird nicht enttäuscht. Er ist wirklich bei uns.

Siebter Sonntag der Osterzeit

Auftrag erfüllt!

Lesejahr A

In jener Zeit sprach Jesus. Und er erhob seine Augen zum Himmel und sagte: Vater, die Stunde ist gekommen. Verherrliche deinen Sohn, damit der Sohn dich verherrlicht! Denn du hast ihm Macht über alle Menschen gegeben, damit er allen, die du ihm gegeben hast, ewiges Leben schenkt. Das aber ist das ewige Leben: dass sie dich, den einzigen wahren Gott, erkennen und den du gesandt hast, Jesus Christus. Ich habe dich auf der Erde verherrlicht und das Werk zu Ende geführt, das du mir aufgetragen hast. Jetzt verherrliche du mich, Vater, bei dir mit der Herrlichkeit, die ich bei dir hatte, bevor die Welt war! Ich habe deinen Namen den Menschen offenbart, die du mir aus der Welt gegeben hast. Sie gehörten dir und du hast sie mir gegeben und sie haben dein Wort bewahrt. Sie haben jetzt erkannt, dass alles, was du mir gegeben hast, von dir ist. Denn die Worte, die du mir gabst, habe ich ihnen gegeben und sie haben sie angenommen. Sie haben wahrhaftig erkannt, dass ich von dir ausgegangen bin, und sie sind zu dem Glauben gekommen, dass du mich gesandt hast. Für sie bitte ich; nicht für die Welt bitte ich, sondern für alle, die du mir gegeben hast; denn sie gehören dir. Alles, was mein ist, ist dein, und was dein ist, ist mein; in ihnen bin ich verherrlicht. Ich bin nicht mehr in der Welt, aber sie sind in der Welt und ich komme zu dir.

(JOHANNESEVANGELIUM 17,1–11A)

Beten ist etwas ganz Persönliches. Wenn ich Menschen beobachte, die im Stephansdom eine Kerze anzünden, vor allem beim berühmten Marienbild »Mária Pócs«, dann geschieht das alles in Stille, schweigend. Vielleicht bewegen sich ein wenig die Lippen. Aber was die Einzelnen erbitten, wofür sie beten, das bleibt ihr ganz persönliches Geheimnis.

Ganz selten geschieht es, dass jemand das eigene Herzensanliegen auch laut, vor anderen Menschen, an Gott richtet.

Von einem solchen seltenen Moment ist heute im Evangelium die Rede. Jesus betet laut. Er verwendet dazu nicht ein vorgefasstes Gebet. Im Judentum gibt es, wie auch im Christentum, viele Gebete, die auswendig gebetet werden. Jesus selbst hat uns das »Vater Unser« gelehrt, und bis heute ist es das gemeinsame Gebet aller Christen. Es ist eine große Hilfe, wenn wir unser Beten in eine vorgegebene Form fassen können. Darum ist es gut, dass es einen gemeinsamen Gebetsschatz gibt, um Worte für das eigene Beten zu finden. Für viele ist der Rosenkranz eine beliebte Gebetsweise. In ihr kann jeder sein persönliches Beten einbringen.

Heute aber betet Jesus laut vor den anderen ein ganz persönliches Gebet. Er lässt in sein Herz blicken. Er zeigt, was sein innerstes Anliegen ist. Darum ist dieses Gebet so besonders kostbar. Und ganz besonders ist auch der Moment, in dem Jesus es spricht. Das letzte gemeinsame Mahl, das Jesus mit den Seinen hält, geht zu Ende und ebenso sein Weg in dieser Welt. Es ist die Stunde des Abschieds. Gleich nach diesem Gebet ist Jesus mit seinen Jüngern aufgebrochen, hinuntergegangen zum Garten Getsemani, wo er bald darauf festgenommen wurde. Dann nahm alles seinen bekannten Lauf.

Was Jesus in dieser Stunde, am Ende des Mahles betet, ist sein letzter Wille, also sein Testament. Er vertraut es Gott an, aber auch allen, die damals und bis heute an ihn glauben.

Es mag überraschen: Jesus betet zuerst für sich selber: »Verherrliche deinen Sohn.« Jesus weiß, dass jetzt Leiden und ein qualvoller Tod auf ihn zukommen, ganz und gar nichts Herrliches. Aber er bittet, dass dieses Bittere und Schwere nicht das Schlusswort sei, sondern dass Gott ihn »verherrlichen« möge. Nicht um Ruhm und weltlichen Glanz bittet Jesus, sondern darum, dass Gottes guter Plan gelingt, damit alle »ewiges Leben« erlangen. Jesus sucht nicht seine persönliche Ehre, seine Anerkennung. Gottes Plan ist, dass es uns Menschen gut geht. Gott will, dass wir leben, nicht nur jetzt, sondern für immer, auf ewig.

Jesus will, dass wir das begreifen. Er bittet Gott, seinen Vater, dass wir erkennen, wie kostbar wir ihm sind. Das zu zeigen war sein Auftrag: Ich habe »das Werk zu Ende geführt, das du mir aufgetragen hast«. Jesus hat ganz für dieses Anliegen gelebt. Dafür hat er alles gegeben. Dafür ist er gestorben: »Ich habe deinen Namen den Menschen offenbart.« Mit anderen Worten: Ich habe den Menschen zeigen dürfen, wie sehr du sie liebst. So betet Jesus letztlich darum, dass alle Menschen erkennen: Gott ist die Liebe.

Ich gehe jetzt zu dir

Lesejahr B

> In jener Zeit erhob Jesus seine Augen zum Himmel und betete: Vater, ich habe deinen Namen den Menschen offenbart, die du mir aus der Welt gegeben hast. Heiliger Vater, bewahre sie in deinem Namen, den du mir gegeben hast, damit sie eins sind wie wir! Solange ich bei ihnen war, bewahrte ich sie in deinem Namen, den du mir gegeben hast. Und ich habe sie behütet und keiner von ihnen ging verloren, außer dem Sohn des Verderbens, damit sich die Schrift erfüllte. Aber jetzt komme ich zu dir und rede dies noch in der Welt, damit sie meine Freude in Fülle in sich haben. Ich habe ihnen

> dein Wort gegeben und die Welt hat sie gehasst, weil sie nicht von der Welt sind, wie auch ich nicht von der Welt bin. Ich bitte nicht, dass du sie aus der Welt nimmst, sondern dass du sie vor dem Bösen bewahrst. Sie sind nicht von der Welt, wie auch ich nicht von der Welt bin. Heilige sie in der Wahrheit; dein Wort ist Wahrheit. Wie du mich in die Welt gesandt hast, so habe auch ich sie in die Welt gesandt. Und ich heilige mich für sie, damit auch sie in der Wahrheit geheiligt sind.
>
> (JOHANNESEVANGELIUM 17,6A.11B–19)

»Jetzt komme ich zu dir« – wie schön, wenn jemand so von seinem Sterben sprechen kann. Der Tod verschont niemanden. Alle müssen wir durch diese enge Pforte. Aber ist der Tod wirklich ein Tor, das sich einmal öffnet, durch das wir hindurchgehen können? Oder ist das Sterben einfach das endgültige Aus? Eine Tür, die nirgendwo hinführt? Ein Tor, das sich auf nichts hin öffnet?

Jesus spricht von seinem bevorstehenden Tod. Er hält keinen Vortrag über das, was nach dem Tod sein könnte, sondern er betet. Er spricht zu jemandem.

Er nennt diesen »Vater«. Er nennt seinen kommenden Tod einen Weg, den er zu gehen beginnt: »Ich gehe jetzt zu dir.« Sterben als Heimkehren. Die Tür des Todes öffnet sich – und wir sind zu Hause. Wie tröstlich ist es, den eigenen Tod so sehen zu können. Trotzdem hat Jesus auch die Todesangst gekannt. Er hat davon öfters gesprochen. In der Nacht vor seiner Gefangennahme hat Jesus eine Zeit lang tiefste Todesnot gelitten. Er wusste, was für schreckliche Todesqualen auf ihn warten.

In dieser Nacht hat Jesus auch das Gebet gesprochen, aus dem das heutige Evangelium genommen ist. Es ist ein langes Gebet, das er da frei und offen vor seinen Freunden und Tischgenossen gesprochen hat, zum Abschluss des gemeinsamen Mahles, das wir »das letzte Abendmahl« Jesu nennen. Es ist ein langes Dank- und Bittgebet, in dem Jesus seinem Herzen freien Lauf lässt. Deshalb gibt es uns so einen tiefen Einblick in das, was Jesus im Innersten bewegt.

Da ist zuerst sein völliges Vertrauen zu dem, den er einfach »Vater« nennt. Er hat uns gesagt, dass wir vor Gott keine Angst haben sollen, weil er nicht ein himmlischer Tyrann, ein hinterhältiger Herrscher über uns Menschen ist, sondern »euer Vater im Himmel«. Nicht erst im Tod gehen wir zu ihm.

Jetzt, ja jederzeit können wir zu ihm kommen. So vertrauensvoll wie Jesus zu seinem Vater spricht, so unkompliziert und einfach dürfen wir uns an Gott wenden, weil er auch unser Vater ist.

Was bewegt Jesus angesichts seines bevorstehenden Sterbens? Was bewegt eine Mutter, die an Krebs stirbt und ihre Familie zurücklassen muss? »Vater, bewahre sie ..., damit sie eins sind wie wir.« Jesus erbittet von seinem Vater das, was ihm das Wichtigste ist: dass die Seinen untereinander eins bleiben. Nach seinem Weggang können Streitigkeiten aufbrechen, Rivalitäten, Eitelkeiten, Machtkämpfe, so wie in Familien nach dem Tod der Eltern Erbstreitigkeiten die Einheit gefährden können. Deshalb betet Jesus vor allem darum, dass die Seinen »eins sind« und eins bleiben.

Jesus weiß, dass er bald gehen wird. Zurück bleiben die Seinen. Sie sind weiterhin in der Welt, mit allen Mühen und Kämpfen des irdischen Lebens. Jesus kann und will sie ihnen nicht ersparen. Deshalb betet er: »Ich bitte dich nicht, dass du sie aus der Welt nimmst, sondern dass du sie vor dem Bösen bewahrst.« So beten Eltern für ihre Kinder, die sie in die Selbständigkeit des Lebens entlassen. Sie können sie nicht mehr behüten, wie sie es getan haben, als die Kinder noch zu Hause waren. Aber sie beten für ihre Kinder, dass Gott sie vor dem Bösen bewahre. Es ist tröstlich, darauf vertrauen zu dürfen, dass da Einer ist, der so bei Gott für uns Menschen bittet.

Alle sollen eins sein!

Lesejahr C

> In jener Zeit erhob Jesus seine Augen zum Himmel und betete: Heiliger Vater, ich bitte nicht nur für diese hier, sondern auch für alle, die durch ihr Wort an mich glauben. Alle sollen eins sein: Wie du, Vater, in mir bist und ich in dir bin, sollen auch sie in uns sein, damit die Welt glaubt, dass du mich gesandt hast. Und ich habe ihnen die Herrlichkeit gegeben, die du mir gegeben hast, damit sie eins sind, wie wir eins sind, ich in ihnen und du in mir. So sollen sie vollendet sein in der Einheit, damit die Welt erkennt, dass du mich gesandt hast und sie ebenso geliebt hast, wie du mich geliebt hast. Vater, ich will, dass alle, die du mir gegeben

hast, dort bei mir sind, wo ich bin. Sie sollen meine Herrlichkeit sehen, die du mir gegeben hast, weil du mich schon geliebt hast vor Grundlegung der Welt. Gerechter Vater, die Welt hat dich nicht erkannt, ich aber habe dich erkannt und sie haben erkannt, dass du mich gesandt hast. Ich habe ihnen deinen Namen kundgetan und werde ihn kundtun, damit die Liebe, mit der du mich geliebt hast, in ihnen ist und ich in ihnen bin.

(JOHANNESEVANGELIUM 17,20–26)

Wenige Worte Jesu wurden in den letzten Jahrzehnten so oft zitiert wie diese Bitte, dieses Gebet. Es ist wie ein Testament Jesu. Denn kaum hatte er sein Gebet beendet, stand er auf und ging hinaus in die Nacht, in den Garten Getsemani, am Fuß des Ölbergs, wo er dann verhaftet wurde und sein Weg zum Kreuz begann.

Das lange Gebet Jesu an Gott, den er Vater nennt, enthält all seine Anliegen, sozusagen seine letzten Wünsche auf Erden. Und unter allen diesen Bitten ragt die eine besonders hervor: »Alle sollen eins sein!«

Siebter Sonntag der Osterzeit

Uneinigkeit ist eine arge Wunde. Wir erleben es zurzeit schmerzlich in Europa. Nach dem mörderischen Gegeneinander der beiden Weltkriege begann eine große Friedensbewegung. Europa wollte eins sein. Die alten Feindschaften überwinden, die Grenzen abbauen, die Gemeinsamkeit stärken. Heute ist das Projekt der europäischen Einigung neuen Spannungen ausgesetzt. Die Mitgliedsländer schauen auf ihre eigenen Interessen, beginnen sich abzuschotten, drohen mit dem Austritt.

Aber hat Jesus für diese Art von Einheit gebetet? Er hatte ja kein politisches Programm. Er wollte nicht ein weltliches Reich errichten. Er betet um die Einheit derer, die an ihn glauben. »Alle sollen eins sein« – das war und ist das Leitwort der Einigung aller Christen, der sogenannten ökumenischen Bewegung. Aber auch hier geht es eher schleppend voran, nicht nur bei der europäischen Einigung. Die Christen sind einander nähergekommen, aber immer noch nicht »vollendet in der Einheit«. Und das schadet nach wie vor der Glaubwürdigkeit des Christentums. Was fördert die Einheit? Und was bedroht sie? Man sagt: Einheit macht stark. Das stimmt. Aber nicht jede Einheit ist gut. Eine Räuberbande ist auch einig in ihren Absichten. Familien können einig sein in ihrem Egoismus, ihrem Stolz. Länder können einig sein in der Feindschaft gegen andere. Das ist sicher nicht die Einheit, um die Jesus den Vater gebeten hat.

Heute erleben viele Christen eine andere Art von Einheit: Sie werden alle gemeinsam verfolgt. Das schreckliche Selbstmordattentat in Lahore in Pakistan, wo Dutzende Christen, darunter viele Kinder, in den Tod gerissen wurden, machte keinen Unterschied, welcher christlichen Konfession sie angehörten. Alle waren Christen. Alle sollten sterben.

Bei einem Besuch bei über hunderttausend christlichen Flüchtlingen im Nordirak durfte ich diese Einheit erleben, egal, welcher Kirche oder Konfession sie angehören. Und da konnte ich ahnen, worum es Jesus in seinem Gebet ging: Unter diesen Flüchtlingen bin ich vielem Leid begegnet, aber keinem Hass. Die Kämpfer des IS (»Islamischer Staat«) haben sie vertrieben, ihnen alles geraubt. Aber sie ließen sich nicht in den Hass treiben, auch wenn sie sich danach sehnen, in ihre Häuser, in ihre Heimat zurückkehren zu können. Die Einheit, die Jesus für uns alle erbeten hat, ist die des Verzeihens und der Liebe. Nur sie ist glaubwürdig und haltbar!

Pfingsten

Als der Tag des Pfingstfestes gekommen war, waren alle zusammen am selben Ort. Da kam plötzlich vom Himmel her ein Brausen, wie wenn ein heftiger Sturm daherfährt, und erfüllte das ganze Haus, in dem sie saßen. Und es erschienen ihnen Zungen wie von Feuer, die sich verteilten; auf jeden von ihnen ließ sich eine nieder. Und alle wurden vom Heiligen Geist erfüllt und begannen, in anderen Sprachen zu reden, wie es der Geist ihnen eingab. In Jerusalem aber wohnten Juden, fromme Männer aus allen Völkern unter dem Himmel. Als sich das Getöse erhob, strömte die Menge zusammen und war ganz bestürzt; denn jeder hörte sie in seiner Sprache reden. Sie waren fassungslos vor Staunen und sagten: Seht! Sind das nicht alles Galiläer, die hier reden? Wieso kann sie jeder von uns in seiner Muttersprache hören: Parther, Meder und Elamiter, Bewohner von Mesopotamien, Judäa und Kappadokien, von Pontus und der Provinz Asien, von Phrygien

und Pamphylien, von Ägypten und dem Gebiet Libyens nach Kyrene hin, auch die Römer, die sich hier aufhalten, Juden und Proselyten, Kreter und Araber – wir hören sie in unseren Sprachen Gottes große Taten verkünden.
(APOSTELGESCHICHTE 2,1–11)

Ein stürmischer Anfang

Pfingsten ist ein langes Wochenende, an dem viele verreisen. Pfingsten ist auch das Ende der Osterzeit. Das Pfingstfest in Jerusalem im Jahr 30 unserer Zeitrechnung ist der Anfang einer Erfahrung, die bis heute nicht aufgehört hat. Pfingsten ist ein altes jüdisches Fest, das unsere jüdischen Mitbürger bis heute feiern. Es heißt »Schawuot«, das »Wochenfest«, das fünfzig Tage nach Pessach, dem jüdischen Osterfest, gefeiert wird. Zu diesem beliebten Wallfahrtsfest kamen jüdische Pilger aus vielen Ländern nach Jerusalem. So war es auch in diesem besonderen Jahr 30. Pfingsten ist vor allem das Fest, das am Anfang der weltweiten Ausbreitung des Christentums steht. Davon handelt der Bericht von dem stürmischen Ereignis, das sich an diesem Tag in Jerusalem zugetragen hat. Von da an begann die Gemeinschaft derer, die an Christus glauben, in die ganze Welt hinauszugehen und zu wachsen.

Mich bewegt an Pfingsten jedes Jahr neu die Frage: Wie kam es, dass das Christentum sich in wenigen Jahren in einem Großteil der damals bekannten Welt ausbreitete? Wie wurde es zur Weltreligion? Wie kam es, dass es »bis an die Grenzen der Erde« gelangte? Am Anfang stand weder militärische noch wirtschaftliche oder politische Macht hinter dem Erfolg der christlichen Religion. Im Gegenteil: In den ersten drei Jahrhunderten wurden die Christen fast überall verfolgt, zeitweise heftig und blutig.

Das Pfingstfest gibt eine zweifache Antwort auf die Frage, wie das Christentum zur Weltreligion wurde. Die eine ist ganz praktischer Natur, die andere hat einen tief religiösen Charakter. Wir dürfen nie vergessen: Das Christentum wurzelt tief im Judentum. Das ist sein Mutterboden. Das Pfingstfest war ursprünglich das Dankfest für die erste Ernte. Auch wird am jüdischen Pfingstfest an den Bund gedacht, den Gott mit seinem Volk am Berg Sinai geschlossen hat, als er Mose die Zehn Gebote übergab.

So waren damals zum Pfingstfest Juden aus aller

Welt als Pilger in Jerusalem. Das ist wichtig für die Ausbreitung des Christentums. Denn die Apostel, selber alle Juden, gingen, als sie zur Mission aufbrachen, zuerst in die jüdischen Gemeinden, die es in den meisten Ländern gab. Dort, in den Synagogen, den Gebetshäusern der Juden, erzählten sie von Jesus, dass er der verheißene Messias sei, den die Propheten angekündigt hatten.

Am Pfingsttag, als diese außerordentlichen Dinge geschahen, der Sturm, die »Feuerzungen«, das Sprachwunder, da liefen die Leute in Scharen zusammen, Juden aus allen Teilen der Welt aus Asien, Afrika und Europa. In allen den hier genannten Ländern lebten damals Juden, überall als Minderheit, aber gut vernetzt und mit dem Mutterland verbunden. Genau dieses Netzwerk der vielen jüdischen Gemeinden wird die Basis der christlichen Mission sein.

Das ist sozusagen die praktische Seite, die »Infrastruktur« der Ausbreitung des Christentums. Die tiefere Triebkraft dieser Erfolgsgeschichte aber war und ist bis heute der Heilige Geist. Er ist die Energie, ohne die die ersten Anhänger Jesu es nie geschafft hätten, ihren jungen, frischen Glauben an Jesus in alle Welt hinauszutragen. Der Heilige Geist, die

»Kraft von oben«, hat aus verschreckten, versteckten, ängstlichen und kleingläubigen Aposteln Menschen gemacht, die andere überzeugen konnten, ohne Gewalt, ohne militärische Macht, ohne politischen Druck, einfach durch ihre Ausstrahlung und ihre Glaubwürdigkeit.

Heute ist es im Grunde wieder so wie am Anfang. In unserer globalen Welt kann die Botschaft Jesu alle Menschen erreichen. Überzeugend wird sie aber nur dann, wenn sie auch glaubwürdig gelebt wird. Wie am Anfang.

Pfingsten und Babel

Die Bibel liebt Bilder. Sie spricht nicht in abstrakten Begriffen, sondern in anschaulichen Bildern. Pfingsten ist so ein Bild. Da tut sich Erstaunliches in Jerusalem. Menschen »aus allen Völkern unter dem Himmel« erleben plötzlich, dass die Schranken und Grenzen der Sprachen zwischen ihnen wegfallen und sie alle einander verstehen können. Was die Menschen damals in Jerusalem erleben, ist eine große Hoffnung auch für die Welt von heute. Gegenseitiges Verstehen ist möglich. Das Miteinander kann gelingen. Der Heilige Geist öffnet die Herzen und verbindet die Menschen.

Die Bibel kennt auch ein anderes Bild. Es ist das Gegenteil von Pfingsten, die große Sprachverwirrung, sodass die Menschen sich nicht mehr verständigen können. Dieses Bild ist der Turmbau von Babel. Im ersten Buch der Bibel ist davon die Rede. Die Menschen wollten einen Turm bauen, »mit einer Spitze bis in den Himmel«. Damit »wollen wir uns einen Namen machen«, sagen sie. Damals, erzählt die Bibel, hat Gott ihre Sprache verwirrt, sodass sie einander nicht mehr verstehen konnten. Von Babel komme die Sprachverwirrung unter uns Menschen.

Babel und Pfingsten – zwei Bilder der Bibel. Zwei Erfahrungen, die bis heute weiterwirken. Der Turmbau zu Babel steht für die großspurigen, maßlosen Projekte der Menschen. Babel – das sind die, die alles eigenmächtig selber in die Hand nehmen wollen. Sie halten sich für Götter, für unbesiegbar stark. Aber ihr Ende ist elendiglich.

»Ein Volk, ein Reich, ein Führer«, hieß es, als Adolf Hitler sein »Tausendjähriges Reich« errichten wollte. Er ist nicht nur kläglich gescheitert, es hat auch für Millionen Menschen Leid, Not und

Pfingsten

Tod gebracht. Babel, das ist die alte Versuchung des Hochmuts, des Stolzes, der Anmaßung. Es gibt sie im Großen wie im Kleinen, in der Weltpolitik und in den eigenen vier Wänden. Wenn wir nicht mehr miteinander reden, uns nicht mehr verstehen können, dann hat Babel gesiegt. Mir wird angst und bange, wenn ich beobachte, wie wir alle nur mehr auf unsere Handys schauen und keiner mehr mit dem anderen spricht. Wir haben zwar eine weltweite Technologie, ein www (world wide web), aber untereinander haben wir die Sprache verloren. Wir sind mit der ganzen Welt verbunden und vereinsamen dennoch.

Pfingsten ist die große Gegenbewegung. Was damals in Jerusalem begann, wurde ein weltweiter Aufbruch. Ein anderer Geist begann die Menschen zu erfassen. Der Geist Gottes, der Heilige Geist, öffnet Mund und Ohren. Menschen hören und verstehen einander, trotz unterschiedlicher Sprachen. Denn der Geist Jesu berührt die Herzen. Er überwindet die Schranken und Grenzen, die der Ungeist von Babel gezogen hat.

Ich erlebe die Kirche als dieses weltweite Miteinander, das durch Pfingsten möglich geworden ist. Die Kirche spricht wirklich alle Sprachen. Sie verbindet Menschen über alle Grenzen hinweg. Trotz aller Schwächen und Fehler ist sie ein alle Völker umspannendes Netzwerk der Nächstenliebe. Bis in die ärmsten Orte der Welt reichen ihre Hilfswerke. Oft kritisiert, ist sie dennoch unermüdlich da, um Not zu lindern.

Man sagt zu Recht, Pfingsten sei die Geburtsstunde der Kirche. Denn damals begann sie in Jerusalem ihren Weg hinaus zu allen Völkern der Erde. Heute darf ich der Kirche, der ich so viel verdanke, einfach meinen Dank sagen und meine Liebe ausdrücken.

Unterscheidung der Geister

Pfingsten ist das Fest des Heiligen Geistes. Doch woran erkennen wir, dass der Heilige Geist am Werk ist und nicht einfach irgendeine Begeisterung oder gar der »Weingeist« der Trunkenheit? Wo ist Gottes Geist am Werk und wo der Zeitgeist? Wo ist der Unterschied zwischen dem Heiligen Geist, der als Taube dargestellt wird, und »meinem Vogel«? Was ist wirklich eine Eingebung des Heiligen Geistes und was ist bloß meine eigene Idee? Unterscheidung der Geister ist notwendig!

Die Bibel nennt einige Kennzeichen des Heiligen Geistes, die uns helfen, sein Wirken von anderen Geistern zu unterscheiden. Was lehrt uns diesbezüglich das Pfingstfest? Zuerst dies: Der Heilige Geist ist ein Mutmacher. Aus den verschreckten, versteckten Aposteln wurden Menschen, die sich trauen, hinauszugehen und von dem zu erzählen, was sie selber von Gott erfahren haben. Sie tun das nicht anmaßend und von oben herab, sondern in verständlicher, vielen Menschen zugänglicher Sprache. Ihre Zuhörer fühlen sich angesprochen. Ihre Worte erreichen die Herzen der Menschen. Das kommt vom Heiligen Geist.

Wenn wir den Text vom Pfingstfest in der Apostelgeschichte weiterlesen, finden wir ein zweites Kennzeichen des Heiligen Geistes. Da wird berichtet, wie Petrus dann zu den vielen Menschen sprach, die sich versammelt hatten. Es heißt, seine Worte hätten die Leute »mitten ins Herz« getroffen, betroffen gemacht. Der Heilige Geist trifft ins Herz. Aber er tut das auf eine besondere Weise, nicht als Ankläger, nicht verletzend, nicht zerstörend, wohl aber so, dass er eine Umkehr des Herzens bewirkt.

Zeit der liebenden Aufmerksamkeit

Warum haben Menschen so oft den Eindruck, die Kirche würde nur verurteilen und ablehnen? Petrus hat seinen Zuhörern am Pfingstfest die harte Wahrheit zugemutet: Ihr habt Jesus, den Gerechten, umbringen lassen, Gott aber hat ihn auferweckt. Petrus hat die Dinge beim Namen genannt, aber er hat es in einer Weise getan, die nicht verurteilend wirkte, sondern die Herzen erschütterte und in den Menschen Reue und Umkehr bewirkte. Auch das ist ein sicheres Zeichen des Heiligen Geistes. Nicht umsonst wird er »der Tröster« genannt. Er deckte die Wahrheit auf, aber nicht wie ein Enthüllungsjournalist, nicht wie ein Ankläger, sondern in Liebe. Wo der Heilige Geist wirkt, wird die Wahrheit in Liebe gesagt und kann daher angenommen werden, auch wenn sie schmerzlich ist.

Und damit sind wir beim dritten sicheren Kennzeichen des Heiligen Geistes: die Freude. Pfingsten löste bei der kleinen Schar der Urkirche in Jerusalem, aber auch bei den Menschen, die da zusammenströmten, Freude aus. Pfingsten war kein Event, keine Supershow, und die Begeisterung, die es auslöste, war nicht Spaß, sondern Freude. Und diese Freude war ansteckend, anziehend. Am Ende des Pfingstberichtes heißt es: »An diesem Tag wurden ihrer Gemeinschaft etwa dreitausend Menschen hinzugefügt.« Niemand hat sie dazu gezwungen. Allein die Freude, die sie bei den ersten Christen erlebten, hat sie angezogen. Brauchen wir nicht heute ein neues Pfingsten?

Vom Ersten Advent bis Taufe des Herrn

Christoph Kardinal Schönborn
Zeit des wachsamen Herzens
Ein Begleiter für Advent und Weihnachten

Herausgegeben von Hubert Philipp Weber

128 Seiten
Hardcover mit Leseband
ISBN 978-3-8436-0958-6

Kardinal Schönborn hat keine Angst vor offenen Worten. Er ist weltweit anerkannter Theologe und genießt das Vertrauen von Papst Franziskus. Als Professor und Erzbischof ist er immer auch Seelsorger geblieben. Seit vielen Jahren schreibt er jede Woche eine Meditation zum Evangelium des Sonntags, die die Botschaft Jesu in den Alltag übersetzt.
In diesem Buch sind seine Erschließungen der Evangelientexte aus allen drei Lesejahren für die Sonntage vom Ersten Advent bis Taufe des Herrn zusammengestellt, also für die ganze Advents- und Weihnachtszeit.
Ein ansprechender Begleiter zur spirituellen Vorbereitung und zum bewussten Feiern von Weihnachten.

www.patmos.de